APÉRITIFS GOURMANDS

LAROUSSE

21 rue du Montparnasse 75283 Paris Cedex 06

SOMMAIRE

Gressins maison en robe de jambon cru

POUR 24 GRESSINS
PRÉPARATION : 15 min
CONGÉLATION : 20 min
CUISSON : 20 min

> 100 g d'emmental
> 1 pâte feuilletée préétalée
> 3 cuill. à soupe de graines de cumin
> 3 cuill. à soupe de graines de sésame
> 1 jaune d'œuf
> 12 tranches très fines de jambon cru

1. Râpez l'emmental.

2. Déroulez la pâte feuilletée sur le plan de travail. Découpez-la en 12 bandes de 1 cm de large, puis recoupez celles-ci en deux. Vrillez les bandes de pâte sur elles-mêmes – elles doivent mesurer environ 10 cm de long.

3. Disposez les bandes de pâte sur une feuille de papier sulfurisé et saupoudrez-en un tiers de graines de cumin, un autre tiers de graines de sésame et le dernier tiers d'emmental râpé. Placez-les au congélateur pendant 20 minutes.

4. Préchauffez le four à 200 °C (therm. 6-7).

5. Disposez les bandes de pâte, avec leur papier sulfurisé, sur une plaque à pâtisserie et badigeonnez-les de jaune d'œuf battu.

6. Faites cuire pendant 20 minutes, jusqu'à ce que les gressins soient dorés. Laissez-les refroidir sur une grille, puis servez-les à température ambiante enveloppés de jambon cru.

Crackers à l'avocat et au mascarpone

POUR 12 CRACKERS
PRÉPARATION : 20 min

> 4 cuill. à soupe de graines de courge
> 6 cuill. à soupe de mascarpone
> 6 cuill. à soupe de fromage blanc
> 3 cuill. à soupe d'huile d'olive
> 12 crackers de votre choix (au sarrasin, par exemple)
> 3 avocats bien mûrs
> le jus de 1 citron
> 75 g de graines germées (de poireaux et de radis, par exemple)
> sel, poivre

1. Dans une poêle antiadhésive, faites revenir les graines de courge.

2. Dans un saladier, réunissez le mascarpone, le fromage blanc et l'huile d'olive. Assaisonnez de sel et de poivre, puis mélangez bien le tout. Tartinez généreusement les crackers de cette préparation.

3. Coupez les avocats en deux, ôtez la peau et le noyau. Détaillez la chair en fines lamelles et arrosez-les du jus de citron. Répartissez-les sur les crackers, puis déposez une pincée de graines germées sur le dessus. Parsemez de graines de courge, salez, poivrez. Servez sans attendre.

Mini-feuilletés à l'emmental et au roquefort

POUR 24 FEUILLETÉS
PRÉPARATION : 20 min
CONGÉLATION : 30 min
CUISSON : 12 min

> 200 g d'emmental
> 200 g de roquefort
> 2 pâtes feuilletées préétalées
> 1 jaune d'œuf

1. Râpez l'emmental. Écrasez le roquefort à l'aide d'une fourchette.

2. Déroulez les deux pâtes feuilletées et coupez leur bord pour obtenir des carrés. Étalez le roquefort sur toute la surface de la première pâte, puis roulez celle-ci en cylindre, en serrant bien. Parsemez la deuxième pâte d'emmental râpé, puis roulez-la en cylindre, en serrant bien. Placez les deux cylindres au congélateur pendant 20 minutes.

3. Tapissez une plaque à pâtisserie de papier sulfurisé. Sortez les rouleaux du congélateur, puis coupez-les en tranches de 5 mm d'épaisseur. Disposez celles-ci sur la plaque.

4. Préchauffez le four à 200 °C (therm. 6-7).

5. Délayez le jaune d'œuf avec 1 cuillerée à café d'eau, puis badigeonnez-en les feuilletés. Placez-les de nouveau 10 minutes au congélateur.

6. Enfournez les feuilletés pour 12 minutes. Laissez-les refroidir pendant quelques minutes avant de déguster.

Mousse de saumon fumé et purée de concombre

POUR 12 VERRINES

PRÉPARATION : 20 min

RÉFRIGÉRATION : 30 min

> 10 cl de crème fraîche liquide
> 1 petit concombre
> 1 pincée de baies roses
> 280 g de saumon fumé
> 100 g de pousses de betterave
> sel

1. Versez la crème liquide dans un saladier et laissez-la reposer 30 minutes au froid.

2. Lavez le concombre et, sans l'éplucher, coupez-le en morceaux, puis hachez ceux-ci au robot. Salez, parsemez de baies roses, puis réservez.

3. Mixez le saumon fumé jusqu'à obtenir une purée. Fouettez la crème liquide en chantilly ferme et incorporez-la au saumon.

4. Répartissez le concombre dans le fond des verrines et recouvrez-le de mousse de saumon. Parsemez de pousses de betterave. Servez frais.

Verrines à l'avocat et aux deux tomates

POUR 12 VERRINES

PRÉPARATION : 20 min

> 2 avocats bien mûrs
> 1 oignon blanc
> le jus de 1 citron vert
> le jus de 1/2 citron
> 1 cuill. à café de piment de Cayenne
> quelques feuilles de coriandre
> quelques feuilles de menthe + pour décorer
> 200 g de tomates
> 1 cuill. à soupe de paprika
> 4 cuill. à soupe d'huile d'olive
> 120 g de tomates mi-sèches
> une poignée de germes d'alfalfa (facultatif)
> sel, poivre

1. Coupez les avocats en deux, retirez le noyau et prélevez la chair à l'aide d'une cuillère. Taillez l'oignon blanc en quartiers.

2. Dans le bol d'un robot, réunissez l'avocat, l'oignon blanc, le jus des citrons et le piment de Cayenne, puis mixez le tout. Salez et réservez au frais.

3. Ciselez les feuilles de coriandre et de menthe. Coupez les tomates en petits dés et mélangez-les délicatement avec le paprika, l'huile d'olive et les aromates. Salez et poivrez. Détaillez les tomates mi-sèches en petits dés.

4. Disposez dans chaque verrine une couche du mélange à la tomate, puis une couche du mélange à l'avocat et terminez par les dés de tomates mi-sèches. Parsemez de feuilles de menthe et, éventuellement, de germes d'alfalfa. Servez bien frais.

Mini-cakes aux olives noires et vertes

POUR 12 MINI-CAKES
PRÉPARATION : 20 min
CUISSON : 30 min

- > 100 g de beaufort
- > 50 g de feta
- > 4 œufs
- > 15 cl d'huile végétale
- > 15 cl de vin blanc sec
- > 250 g de farine tamisée
- > 1 sachet de levure chimique (11 g)
- > 50 g d'olives noires dénoyautées
- > 50 g d'olives vertes dénoyautées
- > sel, poivre

1. Préchauffez le four à 170 °C (therm. 5-6).

2. Râpez le beaufort et émiettez la feta.

3. Dans un saladier, battez les œufs, puis incorporez l'huile et le vin. Ajoutez la farine, la levure, le beaufort, la feta ainsi que les olives noires et vertes. Mélangez délicatement jusqu'à obtenir une pâte lisse et homogène. Salez et poivrez.

4. Beurrez et farinez 12 petits moules à cake, puis versez-y la pâte en les emplissant aux trois quarts. Enfournez pour 30 minutes – les cakes sont cuits lorsque la pointe d'un couteau piquée au cœur en ressort propre.

5. Sortez-les du four, laissez-les tiédir un peu, puis démoulez-les sur une grille. Servez-les tièdes.

Mini-tatins de tomates cerises

POUR 12 TARTELETTES
PRÉPARATION : 25 min
CUISSON : 20 min

> 4 cuill. à soupe de sucre en poudre
> 3 cuill. à café de vinaigre balsamique
> 400 g de tomates cerises
> 150 g de mozzarella
> 2 pâtes feuilletées préétalées
> 5 brins de basilic

1. Préchauffez le four à 200 °C (therm. 6-7).

2. Beurrez le fond de 12 moules à tartelette, puis saupoudrez de la moitié du sucre et arrosez de vinaigre balsamique.

3. Déposez les tomates cerises bien alignées les unes contre les autres dans les moules, saupoudrez du reste de sucre, puis enfournez pour 5 minutes.

4. Sortez les moules du four et éliminez l'eau rendue par les tomates.

5. Coupez la mozzarella en lamelles et répartissez celles-ci sur les tomates. Déroulez les pâtes feuilletées. À l'aide d'un emporte-pièce, découpez des disques de 10 cm de diamètre, puis déposez-les sur les tomates en rabattant la pâte vers l'intérieur des moules. Enfournez pour 15 minutes.

6. Laissez les tartelettes tiédir avant de les démouler. Parsemez de feuilles de basilic frais et servez.

Mousseline de topinambours et œufs de caille

POUR 12 CUILLÈRES
PRÉPARATION : 30 min
CUISSON : 30 min environ

> 250 g de topinambours
> le jus de 1 citron
> 50 cl de bouillon de volaille
> 50 g de beurre
> 12 œufs de caille
> 1 pincée de fleur de sel
> 3 cuill. à soupe d'huile de truffe ou d'huile de noix
> 1 truffe
> petites pousses de betterave

1. Épluchez les topinambours. Arrosez-les du jus de citron.

2. Dans une casserole, mettez le bouillon de volaille à chauffer, puis ajoutez les topinambours et faites-les cuire pendant 20 minutes ; ils doivent être bien tendres. Égouttez-les et mixez-les, jusqu'à obtenir une purée.

3. Faites chauffer la purée de topinambours à feu doux et travaillez-la à la spatule pour qu'elle soit onctueuse en incorporant le beurre morceau par morceau. Ôtez du feu et laissez refroidir.

4. Portez une casserole d'eau à ébullition. Placez-y les œufs de caille et laissez-les durcir 4 minutes à petite ébullition. Refroidissez les œufs dans un saladier d'eau glacée, puis écalez-les délicatement.

5. Remplissez une poche à douille de mousseline de topinambours. Dressez-en une noix sur chaque cuillère, puis disposez un œuf de caille sur le dessus. Saupoudrez de fleur de sel et arrosez d'une goutte d'huile de truffe.

6. Râpez la truffe en fins copeaux et décorez-en chaque cuillère. Parsemez de petites pousses de betterave et servez aussitôt.

Gougères

POUR 24 GOUGÈRES
PRÉPARATION : 15 min
CUISSON : 35 min

> 100 g de beurre demi-sel
> 150 g de farine
> 4 œufs
> 150 g d'emmental

1. Préchauffez le four à 200 °C (therm. 6-7). Tapissez une plaque à pâtisserie de papier sulfurisé.

2. Dans une casserole, faites fondre le beurre à feu doux, ajoutez 25 cl d'eau et portez à ébullition. Ôtez la casserole du feu, versez la farine en une seule fois et mélangez vivement le tout à la spatule. Remettez la pâte à chauffer jusqu'à ce qu'elle se détache des parois de la casserole.

3. Hors du feu, incorporez les œufs un par un à l'aide d'une spatule. Râpez l'emmental, puis mélangez-le soigneusement à la pâte.

4. À l'aide d'une cuillère à soupe, dressez des boules de pâte sur la plaque. Faites cuire pendant 25 minutes. Servez chaud.

Mini-brochettes de légumes

POUR 12 BROCHETTES
PRÉPARATION : 20 min
CUISSON : 15 min environ

> 3 courgettes
> 1 poivron rouge
> 1 poivron jaune
> 2 gros oignons
> 12 tomates cerises (rouges et jaunes)
> 3 cuill. à soupe d'huile d'olive
> quelques brins de cerfeuil
> 190 g de pesto de basilic
> sel, poivre

1. Lavez les légumes et séchez-les avec du papier absorbant. Coupez les courgettes en rondelles d'environ 1 cm d'épaisseur. Coupez les poivrons en deux, ôtez les graines et les membranes blanches, puis détaillez chaque moitié en lanières de 1 cm d'épaisseur. Épluchez les oignons, puis émincez-les.

2. Enfilez les légumes sur des mini-piques en bois. Dans une poêle, mettez à chauffer l'huile d'olive et faites-y dorer les mini-brochettes. Salez, poivrez, puis laissez cuire environ 10 minutes.

3. Ciselez le cerfeuil. Au moment de servir, parsemez-en les brochettes et dégustez avec du pesto froid.

Sucettes de chèvre frais aux graines

POUR 12 SUCETTES
PRÉPARATION : 15 min
RÉFRIGÉRATION : 1 h

> 125 g de chèvre frais
> 2 cuill. à soupe de crème fraîche épaisse
> 1 cuill. à soupe d'huile de noisette
> 60 g de mélange de graines (lin, tournesol, pavot, etc.)
> sel, poivre

1. Dans un saladier, travaillez le fromage de chèvre à la cuillère, puis incorporez la crème fraîche. Salez, poivrez et versez l'huile de noisette, puis mélangez bien. Réservez au réfrigérateur pendant 1 heure.

2. Versez le mélange de graines dans une assiette creuse. Formez à la main, avec la préparation au fromage, des boulettes régulières de la taille d'une petite noix.

3. Roulez rapidement les boulettes dans les graines. Plantez dans chacune d'elles une petite pique en bois et servez.

Blinis aux œufs brouillés et aux œufs de saumon

POUR 12 BLINIS
PRÉPARATION : 15 min
CUISSON : 10 min environ

- > 30 g de beurre
- > 1 cuill. à soupe de ciboulette
- > 8 œufs très frais
- > 2 cuill. à soupe de porto
- > 12 mini-blinis
- > 1 pot d'œufs de saumon
- > sel, poivre

1. Coupez le beurre en petits morceaux. Lavez et ciselez la ciboulette.

2. Cassez les œufs dans une casserole à fond épais. Salez, poivrez, puis ajoutez la moitié du beurre. Faites cuire à feu moyen en fouettant constamment jusqu'à ce que les œufs prennent une consistance crémeuse, soit environ 8 à 10 minutes.

3. Retirez du feu et incorporez le beurre restant. Versez le porto, puis fouettez encore quelques instants.

4. Préchauffez le gril du four.

5. Faites tiédir les blinis sous le gril du four, puis garnissez-les de 1 cuillerée à café d'œufs brouillés. Parsemez d'œufs de saumon et de ciboulette. Servez aussitôt.

Gaspacho vert aux écrevisses

POUR 12 VERRINES
PRÉPARATION : 15 min

> 2 oignons nouveaux
> 600 g de concombre
> 300 g de fenouil
> 6 cuill. à soupe d'huile d'olive
> 3 cuill. à soupe de vinaigre de xérès
> 200 g d'écrevisses décortiquées
> sel, poivre

1. Prélevez un tronçon de 6 cm de long dans la partie verte de chaque oignon nouveau. Détaillez ces tronçons en fins bâtonnets, puis placez-les dans un bol d'eau froide au réfrigérateur.

2. Lavez et essuyez le concombre (ne l'épluchez pas) et le fenouil. Coupez-les en morceaux ainsi que le reste des oignons.

3. Dans un blender, réunissez le concombre, le fenouil et les morceaux d'oignon. Versez 30 cl d'eau, l'huile d'olive et le vinaigre, puis mixez le tout. Salez et poivrez selon votre goût.

4. Égouttez les bâtonnets d'oignon. Répartissez le gaspacho dans les verrines et disposez les écrevisses sur le dessus. Décorez avec les bâtonnets d'oignon et servez.

> **Variante.** Vous pouvez remplacer les écrevisses par des crevettes, des miettes de crabe ou encore des lamelles de surimi.

Tartinades au maquereau fumé et aux radis roses

POUR 24 TARTINADES
PRÉPARATION : 20 min

> 1/2 bouquet d'aneth
> 1 botte de radis roses
> 2 filets de maquereau fumé (environ 200 g)
> 100 g de fromage frais à tartiner
> 2 cuill. à soupe d'huile d'olive
> le jus de 1 citron
> 12 tranches de pain de seigle
> poivre

1. Lavez et séchez l'aneth. Lavez et équeutez les radis, puis coupez-les en fines rondelles.

2. Dans un bol, émiettez le maquereau, ajoutez-y le fromage frais, puis écrasez le tout à la fourchette (ou mixez très rapidement au robot pour conserver une texture assez épaisse). Incorporez l'huile d'olive et le jus de citron à ces rillettes de maquereau et poivrez.

3. Coupez les tranches de pain en deux. Tartinez-les de rillettes, recouvrez-les de rondelles de radis ainsi que de brins d'aneth et servez.

> **Variante.** Essayez des tartinades au thon. Pour cela, mixez 190 g de thon au naturel avec 3 cuillerées à soupe de fromage frais à tartiner. Assaisonnez selon votre goût avec du jus de citron et du poivre. À la place des radis, utilisez du céleri-branche finement émincé ou des rondelles de tomates cerises. Servez sur du pain ou sur des crackers nature.

Samosas de thon

POUR 6 PERSONNES (18 SAMOSAS)

PRÉPARATION : 30 min

CUISSON : 1 h environ

> 1 grosse pomme de terre
> 100 g de petits pois, frais ou surgelés
> 2 oignons
> 2 cuill. à soupe d'huile d'olive
> 1 cuill. à café de pâte de curry
> 160 g de thon au naturel
> 9 feuilles de brick
> 1 cuill. à soupe de graines de sésame
> sel

1. Faites cuire la pomme de terre 15 minutes environ dans de l'eau bouillante salée. Pelez-la et coupez-la en cubes. Faites cuire les petits pois à l'eau bouillante salée pendant 10 minutes.

2. Pelez les oignons, hachez-les et faites-les revenir 10 minutes dans 1 cuillerée à soupe d'huile avec la pâte de curry.

3. Préchauffez le four à 200 °C (therm. 6-7).

4. Dans un saladier, rassemblez le thon égoutté, les oignons, la pomme de terre et les petits pois. Salez à votre goût.

5. Coupez en deux les feuilles de brick pour obtenir 18 demi-cercles. Prenez l'une de ces demi-feuilles et repliez-en la partie arrondie vers la partie rectiligne pour obtenir une bande. Garnissez l'extrémité de cette bande d'une cuillerée de farce. Repliez la bande en biais pour recouvrir la farce en formant un triangle. Faites un nouveau pli en retournant le triangle sur la bande, et continuez ainsi jusqu'au bout de la bande.

6. Déposez le samosa sur la plaque du four recouverte de papier sulfurisé. Préparez de même les autres samosas.

7. Huilez les triangles au pinceau et parsemez-les de graines de sésame. Enfournez pour 25 à 30 minutes environ. Servez tiède ou chaud.

Acras de crevettes

POUR 24 ACRAS
PRÉPARATION : 30 min
CUISSON : 25 min

> 200 g de pommes de terre
> 1/2 bouquet de persil
> 1/2 bouquet de menthe
> 150 g de crevettes décortiquées
> 200 g de filets de cabillaud
> 1 grosse pincée de piment de Cayenne
> 1 œuf
> huile végétale pour la friture
> 50 g de farine
> sel

1. Pelez les pommes de terre. Faites-les cuire 20 minutes dans de l'eau bouillante salée. Égouttez-les et écrasez-les à la fourchette ou au presse-purée.

2. Hachez finement le persil et la menthe.

3. Dans le bol d'un robot, mixez les crevettes et les filets de cabillaud. Ajoutez le piment de Cayenne, le persil et la menthe, puis l'œuf entier. Assaisonnez de sel et mixez à nouveau pendant 30 secondes. Versez la préparation dans un saladier, puis incorporez la purée de pommes de terre. Formez, à la main, des petites boules de pâte de la taille d'une noix.

4. Emplissez une grande casserole à fond épais au tiers d'huile et faites chauffer à 180 °C.

5. Roulez les boules de pâte dans la farine et faites-les frire pendant 2 ou 3 minutes. Servez chaud avec des piques en bois.

Beignets de langoustines

POUR 4-6 PERSONNES
PRÉPARATION : 30 min
REPOS DE LA PÂTE : 1 h
CUISSON : 5 min

- > 16 ou 24 langoustines
- > 2 gros oignons
- > huile de friture
- > 2 ou 3 citrons

Pour la pâte à beignets

- > 250 g de farine
- > 3 jaunes d'œufs
- > 5 g de sel fin
- > 25 cl de bière ou de lait
- > 1 cuill. à café d'huile
- > 1 blanc d'œuf

1. Préparez la pâte à beignets. Versez la farine dans une terrine en la tamisant, creusez un puits et mettez-y les jaunes d'œufs, le sel, la bière (ou le lait) et l'huile. Mélangez pour obtenir une pâte lisse. Laissez-la reposer au moins 1 heure.

2. Plongez les langoustines 2 ou 3 minutes dans de l'eau bouillante salée. Égouttez-les, laissez-les refroidir, décortiquez-les en laissant le bout de la queue intact.

3. Pendant que les queues refroidissent, coupez les oignons en rondelles et défaites les anneaux. Faites chauffer l'huile de friture à 180 °C.

4. Fouettez le blanc d'œuf en neige ferme et incorporez-le à la pâte à beignets.

5. Trempez les queues de langoustine et les rondelles d'oignon dans la pâte. Faites-les frire quelques secondes. Procédez par petites quantités pour que les beignets aient la place de gonfler en dorant.

6. Égouttez sur du papier absorbant et servez aussitôt avec des quartiers de citron.

Petites sardines sur toasts

POUR 12 TOASTS

PRÉPARATION : 35 min

MARINADE : 2 h

> 6 oranges
> 1 citron
> 2 gousses d'ail
> 6 sardines fraîches
> 2 cuill. à soupe de persil ou de cerfeuil
> 1 cuill. à café de sel fin
> 3 cuill. à café de baies roses
> 3 cuill. à soupe d'huile d'olive
> 1 baguette au sésame
> 100 g de roquette

1. Pressez les jus de 2 oranges et du citron, puis versez-les dans un plat creux. Pelez et hachez les gousses d'ail.

2. Passez les sardines sous un filet d'eau froide. Séchez-les avec du papier absorbant et coupez-les en deux dans l'épaisseur.

3. Lavez et ciselez le persil (ou le cerfeuil). Mettez-le dans le plat contenant les jus, ajoutez le sel, les baies roses, l'huile et l'ail. Disposez les filets de sardine dans ce jus d'agrumes et laissez mariner 2 heures au frais, en les retournant plusieurs fois.

4. Préchauffez le gril du four.

5. Découpez la baguette en 12 tranches, puis passez celles-ci sous le gril, jusqu'à ce qu'elles soient légèrement dorées. Pelez à vif les oranges restantes et prélevez les quartiers.

6. Disposez sur chaque tranche de pain 1 ou 2 quartiers d'orange, 1 filet de sardine et 1 feuille de roquette. Servez aussitôt.

Barquettes à la crème d'avocat et aux crevettes

POUR 10 BARQUETTES
PRÉPARATION : 25 min
CUISSON : 15-20 min

> 10 à 20 crevettes cuites (selon la taille)
> 1 pâte brisée préétalée
> 1 avocat
> le jus de 1/2 citron
> piment de Cayenne
> 4 cuill. à soupe de mayonnaise
> sel, poivre

1. Décortiquez les crevettes en laissant la queue intacte.

2. Préchauffez le four à 180 °C (therm. 6). Beurrez des moules à barquette de 6 à 8 cm de long.

3. Découpez dans la pâte dix morceaux au format des moules. Garnissez-en ces derniers, piquez le fond de pâte avec une fourchette et faites précuire pendant 15 à 20 minutes. Laissez refroidir.

4. Coupez l'avocat en deux, retirez le noyau. Prélevez la chair à l'aide d'une petite cuillère et mettez-la dans une assiette creuse. Arrosez-la de jus de citron et, avec une fourchette, écrasez-la en purée épaisse. Salez, poivrez et relevez de piment de Cayenne. Ajoutez la mayonnaise et mélangez.

5. Garnissez les barquettes de cette crème et lissez le dessus. Déposez dans chaque barquette 1 crevette (ou 2 si elles sont petites). Servez très frais.

> **Conseil.** Vous pouvez ajouter sur chaque barquette un demi-quartier de pamplemousse rose, débarrassé de sa membrane, et quelques feuilles d'aneth ou de coriandre fraîche.

Mini-cakes au thon et aux tomates séchées

POUR 12 MINI-CAKES

PRÉPARATION : 20 min

CUISSON : 15 min

- > 8 tomates séchées à l'huile
- > 250 g de thon à la catalane en conserve
- > 225 g de farine
- > 3/4 de sachet de levure chimique (soit 2 cuill. à café rases)
- > 5 cuill. à soupe d'huile d'olive
- > 3 œufs
- > sel, poivre

1. Préchauffez le four à 180 °C (therm. 6). Beurrez et farinez 12 petits moules à cake.

2. Hachez grossièrement les tomates séchées ; égouttez le thon.

3. Dans un saladier, mélangez la farine et la levure, puis incorporez l'huile d'olive ainsi que les œufs, un à un. Ajoutez le thon et les tomates, puis mélangez délicatement le tout en conservant quelques morceaux de thon entiers dans la préparation. Salez légèrement et poivrez.

4. Versez la pâte dans les moules en les remplissant aux trois quarts. Enfournez pour 15 minutes.

5. Sortez les mini-cakes du four, laissez-les tiédir, puis démoulez-les sur une grille. Servez-les tièdes.

Mini-brochettes de saint-jacques au chorizo

POUR 12 BROCHETTES

PRÉPARATION : 15 min

CUISSON : 3 min environ

> 12 noix de saint-jacques parées
> 2 cuill. à soupe d'huile d'olive
> 3 cuill. à soupe de jus d'orange
> 120 g de chorizo doux
> poivre

1. Séchez les noix de saint-jacques avec du papier absorbant, puis mettez-les dans un bol avec l'huile d'olive et le jus d'orange.

2. Coupez le chorizo en 24 tranches très fines.

3. Sur des piques en bois, enfilez chaque noix de saint-jacques entre deux tranches de chorizo.

4. Dans une poêle antiadhésive, faites griller les mini-brochettes pendant 30 secondes de chaque côté. Assaisonnez d'un tour de moulin à poivre et servez.

Brochettes de jambon, figues et melon

POUR 12 BROCHETTES

PRÉPARATION : 15 min

> 1 gros melon
> 6 tranches fines de jambon cru
> 6 figues fraîches
> 1 petit bouquet de menthe fraîche
> sel, poivre

1. Coupez le melon en deux et épépinez-le. À l'aide d'une cuillère à melon, prélevez des billes dans sa chair.

2. Coupez les tranches de jambon cru en trois et les figues en quatre. Lavez et effeuillez la menthe.

3. Enfilez billes de melon, morceaux de jambon, de figue et feuilles de menthe sur des piques en bois en alternant les ingrédients ; salez et poivrez. Servez aussitôt.

Mini-cakes au fromage et au bacon

POUR 8-10 MINI-CAKES
PRÉPARATION : 25 min
CUISSON : 20-25 min

> 150 g de comté
> 150 g de mimolette
> 150 g de bacon
> 4 œufs
> 200 g de farine
> 1 sachet de levure chimique [11 g]
> 10 cl de lait
> 15 cl d'huile d'olive
> sel, poivre

1. Préchauffez le four à 180 °C (therm. 6).

2. Râpez le comté et la mimolette. Coupez le bacon en petits bâtonnets.

3. Dans un saladier, battez les œufs, ajoutez la farine et la levure, salez, poivrez, puis mélangez bien le tout. Incorporez progressivement le lait et l'huile d'olive jusqu'à obtenir une pâte lisse. Ajoutez le comté, la mimolette et le bacon, puis mélangez délicatement.

4. Beurrez et farinez des petits moules à cake, puis remplissez-les de pâte aux trois quarts. Faites cuire au four de 20 à 25 minutes – les cakes sont cuits lorsque la pointe d'un couteau piquée au cœur en ressort propre.

5. Sortez les cakes du four, laissez-les tiédir un peu, puis démoulez-les sur une grille. Servez-les tièdes.

Tortilla à la pomme de terre et au chorizo

POUR 12 CARRÉS
PRÉPARATION : 15 min
CUISSON : 10 min

> 100 g de chorizo
> 1 oignon
> 1 pomme de terre
> 4 cuill. à soupe d'huile d'olive
> 3 œufs
> sel, poivre

1. Coupez le chorizo en tranches fines. Épluchez l'oignon et émincez-le. Pelez la pomme de terre et coupez-la en fines rondelles.

2. Plongez la pomme de terre et l'oignon dans de l'eau bouillante salée et laissez-les cuire pendant 5 minutes. Égouttez-les.

3. Dans une poêle, mettez à chauffer l'huile d'olive et faites-y revenir la pomme de terre, l'oignon et le chorizo pendant 2 minutes.

4. Dans un saladier, battez les œufs, assaisonnez-les légèrement de sel et de poivre, puis versez-les dans la poêle, sur la pomme de terre, l'oignon et le chorizo. Laissez cuire à feu doux pendant 5 minutes de chaque côté, en retournant la tortilla à mi-cuisson.

5. Découpez la tortilla en carrés. Servez-la tiède ou froide, avec des piques en bois.

Muffins au magret de canard et aux pruneaux

POUR 12 MUFFINS
PRÉPARATION : 25 min
CUISSON : 15 min

> 8 pruneaux dénoyautés
> 150 g de magret fumé
> 100 g de beurre ramolli
> 3 œufs
> 225 g de farine
> 3/4 de sachet de levure chimique (soit 2 cuill. à café rases)
> sel

1. Préchauffez le four à 180 °C (therm. 6). Beurrez et farinez 12 petits moules à muffins ou tapissez une plaque à muffins de 12 caissettes en papier.

2. Hachez grossièrement les pruneaux et le magret au couteau.

3. Dans un saladier, mélangez le beurre avec les œufs, puis incorporez la farine et la levure tamisées. Ajoutez le magret et les pruneaux ; salez selon votre goût.

4. Répartissez la pâte dans les moules en les remplissant aux trois quarts. Enfournez pour 15 minutes.

5. Sortez les muffins du four, laissez-les tiédir pendant 2 minutes, puis démoulez-les délicatement en vous aidant d'un couteau à lame lisse. Servez-les tièdes.

> **Variante.** Remplacez les pruneaux par des abricots séchés.

Mini-brochettes de porc à l'ananas

POUR 12 BROCHETTES
PRÉPARATION : 25 min
MARINADE : 30 min
CUISSON : 15 min

> 400 g de filet de porc
> 2 ananas Victoria (ou 1 gros)
> 3 cuill. à soupe de graines de sésame
> 4 cuill. à soupe d'huile d'olive
> 2 cuill. à soupe de sauce soja
> 2 cuill. à soupe de sucre
> 1 petit bouquet de coriandre
> poivre

1. Coupez le filet de porc en cubes.

2. Enlevez la base et le sommet des ananas, puis ôtez leur écorce et détaillez leur chair en cubes, en retirant la partie centrale et en recueillant le jus.

3. Dans un saladier, versez le jus d'ananas recueilli, ajoutez les graines de sésame, les cubes de viande, puis assaisonnez d'un tour de moulin à poivre. Réservez au réfrigérateur pendant 30 minutes.

4. Enfilez alternativement des morceaux de viande et d'ananas sur des piques en bois.

5. Dans une poêle, mettez à chauffer l'huile d'olive à feu moyen, puis déposez les mini-brochettes et faites-les cuire pendant 5 minutes en les retournant régulièrement. Versez la sauce soja et le sucre, et poursuivez la cuisson encore 10 minutes.

6. Parsemez les mini-brochettes de feuilles de coriandre et servez chaud.

Bouchées de foie gras en panure de pain d'épices

POUR 12 BOUCHÉES
PRÉPARATION : 10 min
CUISSON : 12 min

> 5 tranches de pain d'épices
> 1/2 cuill. à café de poivre du moulin
> 1/2 cuill. à café de quatre-épices
> 200 g de foie gras cuit (entier ou en bloc)

1. Préchauffez le four à 180 °C (therm. 6). Tapissez une plaque à pâtisserie de papier sulfurisé.

2. Coupez le pain d'épices en morceaux. Mettez ceux-ci dans le bol d'un robot avec le poivre et le quatre-épices. Mixez le tout jusqu'à obtenir une sorte de chapelure. Étalez-la sur la plaque de cuisson et enfournez pour 12 minutes. Laissez refroidir.

3. Coupez le foie gras en cubes de 2 cm de côté et passez ceux-ci dans la chapelure en pressant bien pour la faire adhérer. Servez aussitôt.

Torsades d'asperges au bacon

POUR 12 TORSADES
PRÉPARATION : 10 min
CUISSON : 5 min

> 12 asperges vertes
> 12 tranches de bacon
> 1 poignée de graines de sésame
> sel

1. Cassez les extrémités fibreuses des asperges. Portez une grande casserole d'eau salée à ébullition, plongez-y les asperges et laissez-les cuire pendant 5 minutes. Égouttez-les sur du papier absorbant et laissez refroidir.

2. Enroulez les tranches de bacon autour des asperges. Faites-les revenir rapidement dans une poêle antiadhésive. Parsemez de graines de sésame et dégustez sans attendre.

SOMMAIRE

Petits pots de crème citron aux framboises

POUR 4 PERSONNES
PRÉPARATION : 5 min
CUISSON : 20 min

- > 2 cuill. à soupe bombées de mascarpone
- > 150 g de sucre en poudre
- > 4 œufs
- > le jus de 2 citrons
- > 6 cl de crème liquide
- > 200 g de framboises, fraîches ou surgelées

1. Préchauffez le four à 180 °C (therm. 6) et placez-y un plat rempli d'eau tiède pour préparer un bain-marie.
2. Dans un saladier, battez le mascarpone avec le sucre. Ajoutez les œufs et fouettez de nouveau. Incorporez enfin le jus de citron, la crème liquide et mélangez.
3. Remplissez quatre ramequins de cette préparation. Répartissez les framboises, fraîches ou encore surgelées, dans chacun d'eux. Placez les ramequins dans le bain-marie chaud et faites cuire 20 minutes.
4. Laissez les crèmes refroidir avant de les déguster.

Mille-feuilles au mascarpone et aux fruits rouges

POUR 4 PERSONNES
PRÉPARATION : 15 min
CUISSON : 20 min

> 15 cl de crème liquide
> 150 g de mascarpone
> 1 cuill. à café d'eau de rose
> 30 g de sucre glace
> 1 pâte feuilletée préétalée
> 200 g de mélange de fruits rouges surgelés

Pour le glaçage

> 4 cuill. à soupe de sucre glace
> 1 cuill. à café d'eau de rose
> quelques gouttes de colorant rouge (facultatif)

1. Dans le bol d'un batteur, mélangez la crème liquide, le mascarpone, l'eau de rose et le sucre glace. Mettez le tout au réfrigérateur avec les fouets.

2. Préchauffez le four à 210 °C (therm. 7). Déroulez la pâte avec son papier sulfurisé sur une plaque à pâtisserie. Découpez-y 8 disques à l'aide d'un emporte-pièce de 8 cm de diamètre. Retirez les chutes de pâte puis faites cuire les disques pendant 15 à 20 minutes, le temps qu'ils soient bien levés et dorés.

3. Fouettez le mélange au mascarpone, jusqu'à ce qu'il soit bien ferme.

4. Dans un petit bol, préparez le glaçage. Mélangez le sucre glace, 1 cuillerée à soupe d'eau, l'eau de rose et, éventuellement, le colorant rouge. Étalez le glaçage sur 4 disques de pâte.

5. Au moment de servir, recouvrez les 4 disques restants avec la crème au mascarpone, puis avec les fruits encore surgelés et surmontez le tout des disques recouverts de glaçage.

Figues rôties à la vanille

POUR 4 PERSONNES
PRÉPARATION : 15 min
CUISSON : 20 min

> 400 g de figues fraîches ou surgelées

Pour la crème anglaise

> 50 cl de lait entier
> 1 gousse de vanille
> 5 jaunes d'œufs
> 100 g de sucre en poudre
> 2 cuill. à soupe de vanille en poudre

1. Lavez puis essuyez les figues. Si vous utilisez des fruits surgelés, faites-les décongeler doucement à température ambiante.

2. Préchauffez le four à 180 °C (therm. 6).

3. Préparez la crème anglaise. Versez le lait dans une casserole. Fendez la gousse de vanille en deux et, à l'aide d'un petit couteau fin, grattez les graines au-dessus de la casserole. Dans un saladier, fouettez les jaunes d'œufs avec le sucre jusqu'à ce que le mélange soit mousseux.
Portez à frémissements le lait vanillé, puis versez-en un tiers sur les jaunes en mélangeant vivement. Reversez dans la casserole et fouettez à nouveau. Faites cuire à feu doux sans cesser de remuer. La crème anglaise est cuite lorsqu'elle nappe parfaitement la spatule. À la fin de la cuisson, transvasez la crème anglaise dans un autre saladier et laissez-la refroidir à température ambiante.

4. Disposez les figues dans un plat à four et saupoudrez-les de vanille en poudre. Enfournez pour 10 minutes, puis prolongez la cuisson de 3 ou 4 minutes en position gril.

5. Répartissez la crème anglaise dans quatre assiettes et dressez les figues rôties au centre.

Clafoutis aux cerises

POUR 4 PERSONNES
PRÉPARATION : 10 min
CUISSON : 30 min

> 600 g de cerises dénoyautées, fraîches ou surgelées
> 4 œufs
> 140 g de sucre en poudre
> 60 g de farine
> 40 cl de lait
> 1 cuill. à soupe de noix de coco râpée

1. Préchauffez le four à 180 °C (therm. 6). Beurrez un plat à gratin.

2. Si vous utilisez des cerises surgelées, inutile de les décongeler. Versez les fruits dans le fond du plat.

3. Cassez les œufs dans un saladier et battez-les en omelette. Ajoutez le sucre et la farine en fouettant énergiquement. Versez alors le lait et fouettez jusqu'à obtenir une pâte bien fluide. Versez cette pâte sur les cerises.

4. Mettez le plat au four et faites cuire pendant 30 minutes. À la sortie du four, saupoudrez le clafoutis de noix de coco râpée et laissez-le refroidir.

Charlotte aux fraises

POUR 6-8 PERSONNES
PRÉPARATION : 35 min
RÉFRIGÉRATION : 4 h

> 1 kg de fraises
> 6 feuilles de gélatine
> 60 g de sucre en poudre
> 75 cl de crème fraîche liquide
> 250 g de biscuits à la cuillère bien moelleux

1. Lavez les fraises rapidement, équeutez-les et laissez-les égoutter sur du papier absorbant. Faites tremper la gélatine dans un peu d'eau.

2. Réservez quelques fraises pour la décoration. Mixez les autres ou écrasez-les au moulin à légumes. Passez ensuite la purée au chinois ou dans une passoire.

3. Égouttez les feuilles de gélatine. Faites chauffer légèrement le quart de la pulpe de fraise avec le sucre. Hors du feu, ajoutez la gélatine et mélangez. Incorporez ensuite le reste de la pulpe. Versez la crème fraîche liquide et remuez pour bien l'incorporer.

4. Trempez légèrement les biscuits à la cuillère dans de l'eau et disposez-les dans un moule à charlotte de 16 cm de diamètre. Versez-y la mousse de fraise. Recouvrez d'une couche de biscuits et mettez au réfrigérateur pour 4 heures.

5. Pour démouler la charlotte, passez rapidement le moule sous l'eau chaude et retournez-le sur le plat de service. Décorez le dessus avec les fraises réservées.

> **Variante** : En suivant la même recette, préparez des mini-charlottes aux fraises.

Gratin de pêches aux épices

POUR 4 PERSONNES
PRÉPARATION : 20 min
CUISSON : 1 ou 2 min

> 4 grosses pêches jaunes
> 6 jaunes d'œufs
> 80 g de sucre en poudre
> 15 cl de jus d'orange
> 1/2 cuill. à café de cannelle en poudre
> 1 clou de girofle écrasé
> 50 g d'amandes effilées

1. Plongez les pêches pendant 30 secondes dans de l'eau bouillante, puis sortez-les avec une écumoire et faites-les rafraîchir dans un bain d'eau froide. Égouttez-les et pelez-les. Coupez-les en deux et dénoyautez-les.

2. Dans un saladier, battez les jaunes d'œufs avec le sucre jusqu'à ce que le mélange blanchisse.

3. Placez le saladier dans un bain-marie maintenu à la limite de l'ébullition et continuez de fouetter en versant peu à peu le jus d'orange jusqu'à ce que le mélange soit très épais. Ajoutez la cannelle et le clou de girofle, remuez encore et ôtez le saladier du bain-marie.

4. Préchauffez le gril du four et placez la grille à 20 cm de la résistance. Beurrez un plat à gratin ou 4 ramequins individuels.

5. Rangez les moitiés de pêche dans le plat sans qu'elles se chevauchent, nappez-les régulièrement de sauce et parsemez-les d'amandes effilées. Passez-les 1 ou 2 minutes sous le gril incandescent pour faire gratiner. Sortez le gratin du four dès que la surface commence à dorer. Servez chaud.

Papillotes d'abricots à la lavande

POUR 4 PERSONNES
PRÉPARATION : 15 min
CUISSON : 10 min

> 12 abricots
> 8 tiges de lavande en fleur
> 4 cuill. à soupe de miel de lavande

1. Lavez et essuyez les abricots. Fendez-les en deux et ôtez le noyau.

2. Préchauffez le four à 180 °C (therm. 6).

3. Lavez les tiges de lavande. Réservez-en 4 pour le décor, détachez les fleurs des autres.

4. Découpez 4 carrés de 30 cm de côté dans du papier sulfurisé. Disposez sur chacun d'eux 6 demi-abricots, face bombée sur le papier. Versez le miel et saupoudrez de fleurs de lavande.

5. Fermez les papillotes, placez-les sur la plaque du four et faites cuire pendant 10 minutes.

6. Servez les papillotes tièdes, décorées d'un brin de lavande, en laissant chacun ouvrir la sienne.

Charlotte glacée au cassis

POUR 4-6 PERSONNES
PRÉPARATION : 40 min
CONGÉLATION : 2 h
CUISSON : 25 min environ

> 5 cl de sirop de cassis
> 24 biscuits à la cuillère
> 50 cl de sorbet au cassis
> 150 g de cassis frais ou au sirop

Pour la crème anglaise

> 1/2 gousse de vanille
> 50 cl de lait
> 6 jaunes d'œufs
> 60 g de sucre en poudre

1. Diluez le sirop de cassis dans un demi-verre d'eau. Trempez-y les biscuits et garnissez-en le fond et les parois d'un moule à charlotte de 18 cm de diamètre.

2. Mettez une première couche de sorbet au cassis au fond du moule, parsemez de grains de cassis, recouvrez d'une couche de biscuits imbibés et continuez ainsi jusqu'à épuisement des ingrédients. Tassez et mettez au congélateur pour au moins 2 heures.

3. Pendant ce temps, préparez la crème anglaise. Fendez la gousse de vanille en deux, dans le sens de la longueur. Mettez-la avec le lait dans une casserole, portez à ébullition puis ôtez du feu et laissez infuser 15 minutes. Dans un saladier, fouettez les jaunes d'œufs et le sucre jusqu'à ce qu'ils blanchissent. Retirez la vanille du lait et grattez les graines. Remettez le lait avec les graines sur le feu et portez-le à ébullition. Versez le lait bouillant doucement sur le mélange œufs-sucre tout en fouettant. Reversez le mélange dans la casserole et faites chauffer à feu très doux, en remuant jusqu'à ce qu'il épaississe. Placez la casserole dans un récipient d'eau glacée pour arrêter la cuisson. Mettez-la ensuite au réfrigérateur.

4. Démoulez la charlotte au dernier moment. Servez la crème anglaise à part.

Soupe de pastèque au basilic

POUR 4 PERSONNES
PRÉPARATION : 20 min
MACÉRATION : 2 h

Pour le coulis de pastèque

> 1 quartier de pastèque d'environ 600 g
> le jus de 1/2 citron

Pour le sirop au basilic

> 40 g de sucre en poudre
> 1 cuill. à soupe de basilic finement ciselé

Pour le décor

> 4 feuilles de basilic

1. Préparez le coulis de pastèque. Retirez l'écorce et les graines de la pastèque et coupez la chair en dés. Réservez-en le tiers et placez-le au réfrigérateur. Mixez le reste avec le jus de citron jusqu'à obtenir un coulis lisse et fluide.

2. Préparez le sirop au basilic. Versez 15 cl d'eau et le sucre dans une petite casserole et chauffez doucement en remuant jusqu'à ce que le sucre soit bien fondu, puis amenez juste à ébullition. Retirez du feu, ajoutez le basilic ciselé, couvrez et laissez refroidir.

3. Mélangez le coulis de pastèque et le sirop au basilic. Laissez macérer au frais pendant 2 heures.

4. Au dernier moment, versez le mélange dans quatre coupelles et répartissez dessus les dés de pastèque réservés. Décorez de feuilles de basilic et servez très frais.

Crumble aux mirabelles et aux bananes

POUR 4 PERSONNES
PRÉPARATION : 10 min
CUISSON : 30 min environ

> 2 bananes
> 400 g de mirabelles surgelées
> 2 cuill. à soupe d'amandes effilées

Pour la pâte à crumble

> 75 g de beurre mou
> 100 g de sucre en poudre
> 100 g de farine

1. Préchauffez le four à 180 °C (therm. 6).

2. Épluchez les bananes et coupez-les en rondelles. Mettez-les dans un plat à gratin, ajoutez-y les mirabelles encore surgelées et les amandes effilées, puis mélangez un peu ces ingrédients.

3. Préparez la pâte à crumble. Dans un saladier, travaillez du bout des doigts le beurre avec le sucre et la farine, jusqu'à obtenir un mélange de consistance sableuse.

4. Recouvrez les fruits avec la pâte à crumble en l'émiettant du bout des doigts. Enfournez pour 30 minutes environ, jusqu'à ce que la pâte soit dorée. Servez tiède.

Conseil : Accompagnez ce crumble d'une glace à la vanille.

Tartes fines aux quetsches et aux amandes

POUR 4 PERSONNES
PRÉPARATION : **10 min**
CUISSON : **10-15 min**

> 300 g de quetsches
> 30 g de beurre mou
> 40 g de sucre en poudre
> 1 jaune d'œuf
> 30 g d'amandes en poudre
> 250 g de pâte feuilletée
> 40 g d'amandes effilées

1. Lavez les quetsches, coupez-les en deux et dénoyautez-les. Si vous utilisez des fruits surgelés, inutile de les décongeler.

2. Préchauffez le four à 210 °C (therm. 7).

3. Dans un saladier, mélangez rapidement à l'aide d'une spatule en bois le beurre ramolli et le sucre en poudre, le jaune d'œuf et les amandes en poudre.

4. Étalez la pâte feuilletée sur la plaque du four. Détaillez-la en 8 rectangles égaux.

5. Répartissez la préparation aux amandes sur les rectangles de pâte, puis disposez les demi-quetsches et parsemez d'amandes effilées. Enfournez pour 10 à 15 minutes. Dégustez ces petites tartes encore tièdes.

Conseil : Vous pouvez proposer avec ces tartes une boule de glace au caramel.

Pruneaux à l'armagnac et à la crème anglaise

POUR 6 PERSONNES
PRÉPARATION : 25 min
CUISSON : 5 min
MACÉRATION : 2 jours
RÉFRIGÉRATION : 2 h

> 30 gros pruneaux
> 20 cl d'armagnac
> 50 g de sucre en poudre

Pour la crème anglaise

> 6 jaunes d'œufs
> 60 g de sucre en poudre
> 50 cl de lait
> 4 cuill. à soupe d'armagnac

1. Dénoyautez les pruneaux. Dans une casserole, portez doucement à ébullition l'armagnac avec le sucre en remuant pour faire fondre ce dernier. Ajoutez les pruneaux, continuez de chauffer et ôtez du feu aux premiers frémissements. Transvasez le tout dans un saladier et laissez refroidir. Couvrez et laissez macérer 48 heures au réfrigérateur.

2. Préparez la crème anglaise la veille ou quelques heures à l'avance. Dans un saladier, fouettez les jaunes d'œufs et le sucre jusqu'à ce qu'ils blanchissent. Dans une casserole, portez le lait à ébullition. Versez-le aussitôt sur les jaunes d'œufs, remuez et reversez le tout dans la casserole. Faites cuire quelques minutes à feu très doux, sans cesser de remuer, pour que la crème épaississe, en veillant à ne jamais atteindre l'ébullition. Quand elle nappe le dos de la spatule, transvasez-la dans un saladier bien froid. Ajoutez l'armagnac, mélangez puis laissez refroidir en remuant régulièrement. Mettez au réfrigérateur pour 2 heures au moins.

3. Égouttez les pruneaux, répartissez-les dans des coupelles et versez la crème anglaise. Gardez au frais jusqu'au moment de servir. Dégustez avec des macarons.

Gâteau moelleux aux prunes

POUR 6 PERSONNES
PRÉPARATION : 15 min
CUISSON : 1 h environ

> 800 g de quetsches (ou d'autres prunes), fraîches ou surgelées
> 200 g de beurre mou
> 200 g de sucre en poudre
> 4 œufs
> 250 g de farine
> 1 cuill. à café de levure chimique
> 2 cuill. à soupe de sucre glace

1. Lavez les prunes, coupez-les en deux et dénoyautez-les. Si vous utilisez des fruits surgelés, inutile de les décongeler.

2. Préchauffez le four à 180 °C (therm. 6). Beurrez largement un moule à manqué de 24 cm de diamètre, ou 6 moules individuels.

3. Coupez le beurre en petits morceaux, mettez-le dans un saladier. Ajoutez le sucre et travaillez le mélange avec une spatule en bois jusqu'à ce qu'il soit souple. Ajoutez les œufs un à un, en mélangeant bien chaque fois que vous en introduisez un. Incorporez peu à peu la farine en remuant au fur et à mesure, puis la levure chimique.

4. Versez la pâte dans le moule, lissez la surface et rangez les prunes dessus : elles vont s'enfoncer pendant la cuisson. Enfournez pour environ 1 heure.

5. Quand la surface est bien dorée, vérifiez la cuisson en piquant une aiguille dans la pâte : elle doit ressortir sèche. Sortez le gâteau du four et laissez-le tiédir avant de le démouler. Saupoudrez de sucre glace. Servez tiède ou froid.

Crumble aux pommes

POUR 6 PERSONNES
PRÉPARATION : 20 min
MACÉRATION : 30 min
CUISSON : 45 min environ

> 1,5 kg de pommes (reinettes)
> 2 cuill. à soupe de raisins secs (Corinthe ou Smyrne)
> 2 cuill. à soupe de rhum
> 1/2 cuill. à café de cannelle en poudre

Pour la pâte à crumble

> 90 g de beurre mou
> 125 g de farine
> 80 g de sucre en poudre ou de cassonade
> 1 pincée de sel

1. Faites macérer les raisins secs avec le rhum dans un bol pendant 30 minutes.

2. Préparez la pâte à crumble. Coupez le beurre en petits morceaux. Mettez-le dans un saladier, ajoutez la farine, le sucre (ou la cassonade) et la pincée de sel, puis mélangez du bout des doigts jusqu'à obtenir une pâte très granuleuse ressemblant à du gros sable.

3. Préchauffez le four à 150 °C (therm. 5) et beurrez largement un plat à gratin.

4. Épluchez les pommes, coupez-les en quatre, retirez le cœur et les pépins. Recoupez-les en quartiers.

5. Rangez les morceaux de pomme dans le plat, répartissez les raisins égouttés et saupoudrez de cannelle. Recouvrez les fruits de pâte. Faites cuire au four pendant 45 minutes environ en surveillant la coloration de la surface.

6. Servez très chaud dans le plat de cuisson ou dans des verrines, avec un bol de crème fraîche.

Tatin aux pommes

POUR 6 PERSONNES
PRÉPARATION : 40 MIN
REPOS DE LA PÂTE : 30 min
CUISSON : 30 min environ

Pour la pâte brisée (350 g environ)

> 200 g de farine
> 1 grosse pincée de sel fin
> 2 cuill. à soupe de sucre en poudre
> 100 g de beurre mou

Pour la garniture

> 500 g de pommes à chair ferme
> 75 g de beurre
> 150 g de sucre en poudre

1. Préparez la pâte. Versez la farine dans un saladier, creusez un puits, ajoutez le sel, le sucre et le beurre en petits morceaux. Assemblez rapidement les ingrédients en effritant le mélange du bout des doigts. Versez juste assez d'eau (1 cuillerée à soupe à la fois) pour amalgamer l'ensemble, puis travaillez rapidement la pâte jusqu'à ce qu'elle soit bien souple. Sur le plan de travail fariné, étalez-la en l'écrasant avec la paume de la main, rassemblez-la et laissez-la reposer 30 minutes au réfrigérateur.

2. Préparez la garniture. Pelez les pommes, retirez le cœur et coupez-les en tranches. Détaillez le beurre en morceaux. Beurrez un moule à tarte. Saupoudrez le fond de 75 g de sucre. Mettez-y les pommes et versez le reste du sucre en pluie. Répartissez le beurre par-dessus.

3. Préchauffez le four à 180 °C (therm. 6). Étalez la pâte sur 4 mm d'épaisseur. Découpez-y un disque d'un diamètre supérieur de 4 cm à celui du moule. Recouvrez-en les pommes en rabattant bien les bords à l'intérieur du moule. Faites caraméliser en posant le moule sur le feu. Laissez chauffer 3 minutes à feu vif puis enfournez pour 30 minutes.

4. À la sortie du four, posez un plat sur le moule et retournez le tout. Retirez le moule. Servez tiède, avec de la chantilly.

Poires Belle-Hélène

POUR 6 PERSONNES
PRÉPARATION : 35 min
CUISSON : 20-30 min

> 250 g de sucre en poudre
> 6 poires williams
> 125 g de chocolat noir
> 60 g de crème fraîche
> 1 litre de glace à la vanille

1. Préparez le sirop en faisant bouillir le sucre avec 50 cl d'eau.

2. Pelez les poires en les laissant entières et en gardant leurs queues. Faites-les cuire dans le sirop de 20 à 30 minutes. Lorsqu'elles sont bien tendres, égouttez-les, laissez-les refroidir, puis mettez-les au réfrigérateur.

3. Portez à ébullition 6 cl d'eau. Cassez le chocolat en morceaux, hachez-le et mettez-le dans une casserole. Versez l'eau bouillante dessus en mélangeant pour le faire fondre et ajoutez la crème fraîche.

4. Mettez de la glace à la vanille au fond de 6 coupes, déposez les poires par-dessus et nappez de sauce au chocolat bien chaude.

Mi-cuits choco-poire

POUR 4 PERSONNES
PRÉPARATION : 25 min
CUISSON : 10 min

> 3 œufs
> 1 poire williams pas trop mûre
> 1/2 gousse de vanille
> 130 g de chocolat noir
> 80 g de beurre + pour les moules
> 1 pincée de sel
> 40 g de sucre en poudre
> 20 g de fécule de maïs
> farine pour les moules

1. Préchauffez le four à 170 °C (therm. 5-6). Beurrez et farinez quatre ramequins.

2. Cassez les œufs en séparant les blancs des jaunes. Pelez et épépinez la poire, coupez-la en dés. Fendez la vanille dans le sens de la longueur et grattez les graines.

3. Cassez le chocolat en morceaux dans un bol. Faites-le fondre au bain-marie. Retirez du feu et incorporez le beurre en petits morceaux ; lissez le tout à l'aide d'une spatule. Ajoutez les graines de vanille, la pincée de sel, le sucre et les jaunes d'œufs, puis la fécule de maïs et les dés de poire.

4. Fouettez les blancs d'œufs en neige ferme. Incorporez-les très délicatement à la préparation.

5. Répartissez la pâte dans les ramequins et faites cuire en bas du four de 8 à 10 minutes. Laissez-les reposer 2 minutes (mais pas plus) avant de les démouler sur les assiettes. Dégustez-les sans plus attendre.

Tartelettes au chocolat blanc

POUR 6 PERSONNES
PRÉPARATION : 15 min
RÉFRIGÉRATION : 30 min + 3 h
CUISSON : 50 min

Pour la pâte sablée

> 1 gousse de vanille
> 60 g de sucre en poudre
> 60 g de beurre mou
> 125 g de farine
> 1 œuf entier

Pour la garniture

> 300 g de chocolat blanc
> 40 cl de crème liquide
> 4 jaunes d'œufs

1. Préparez la pâte. Fendez la gousse de vanille en deux et grattez les graines. Mélangez celles-ci avec le sucre. Coupez le beurre en petits morceaux. Travaillez-le du bout des doigts avec la farine tamisée jusqu'à obtenir une préparation sableuse. Creusez un puits, cassez-y l'œuf et versez le sucre parfumé à la vanille. Travaillez les ingrédients du bout des doigts, sans trop les malaxer. Écrasez la pâte pour la rendre bien homogène. Enveloppez-la dans du film alimentaire ; laissez-la reposer au moins 30 minutes au frais.

2. Préchauffez le four à 180 °C (therm. 6). Étalez la pâte et garnissez-en 6 moules à tartelette beurrés de 8 à 10 cm de diamètre. Piquez les fonds avec une fourchette et faites-les précuire 15 minutes.

3. Préparez la garniture. Cassez le chocolat en morceaux. Mettez ceux-ci dans une casserole avec la crème sur feu doux et faites fondre doucement. Retirez du feu et incorporez les jaunes d'œufs.

4. Abaissez la température du four à 140 °C (therm. 4-5). Versez le mélange au chocolat sur les fonds de pâte précuits et enfournez pour 25 minutes.

5. Laissez refroidir à température ambiante avant de glisser les tartelettes au réfrigérateur pour 3 heures au moins.

Crème brûlée au chocolat noir

POUR 8 PERSONNES
PRÉPARATION : 15 min (sur 2 jours)
CUISSON : 45 min environ
RÉFRIGÉRATION : 12 h

Pour la crème brûlée

- > 200 g de chocolat noir à 70 % de cacao
- > 8 jaunes d'œufs
- > 180 g de sucre en poudre
- > 50 cl de lait entier
- > 50 cl de crème fraîche liquide

Pour la finition

- > cassonade

1. **La veille**, préparez la crème brûlée. Hachez le chocolat ; mélangez les jaunes d'œufs et le sucre. Portez ensemble le lait et la crème fraîche à ébullition. Ajoutez-y le chocolat haché. Dès que la préparation est homogène, versez-la sur le mélange jaunes d'œufs-sucre et remuez.

2. Préchauffez le four à 100 °C (therm. 3-4).

3. Répartissez la crème au chocolat dans huit plats à crème brûlée. Enfournez pour 45 minutes. Laissez refroidir, puis mettez les crèmes au réfrigérateur jusqu'au lendemain.

4. **Le lendemain**, sortez les crèmes du réfrigérateur. Allumez le gril du four. Parsemez le dessus des crèmes de cassonade. Faites caraméliser 1 ou 2 minutes sous le gril chaud du four. Dégustez aussitôt.

Tarte au citron

POUR 6 PERSONNES
PRÉPARATION : 30 min
CUISSON : 35-40 min

> 350 g de pâte brisée
> 3 citrons non traités
> 50 g de beurre
> 1 cuill. à soupe de fécule de maïs
> 4 œufs
> 200 g de sucre en poudre

1. Préparez la pâte brisée (voir p. 32). Préchauffez le four à 200 °C (therm. 6-7). Garnissez un moule à tarte de papier sulfurisé.

2. Lavez et essuyez les citrons. Prélevez finement leur zeste, puis coupez-les en deux et pressez-les.

3. Faites fondre doucement le beurre. Délayez la fécule de maïs dans 1 cuillerée à soupe d'eau.

4. Cassez les œufs dans un saladier, ajoutez le sucre et fouettez vivement, jusqu'à ce que le mélange blanchisse et soit mousseux. Incorporez la fécule, le beurre, le jus et le zeste des citrons.

5. Étalez la pâte sur le plan de travail légèrement fariné, sur une épaisseur de 3 ou 4 mm, en un disque un peu plus grand que le moule. Garnissez-en le moule, puis coupez l'excédent en passant le rouleau sur le rebord.

6. Versez la crème dans le fond de tarte et faites cuire de 35 à 40 minutes, jusqu'à ce que les bords de la pâte soient dorés et que la crème soit figée.

7. Sortez la tarte du four, démoulez-la aussitôt et laissez-la refroidir sur une grille. Servez tiède ou froid.

Mousse au citron vert

POUR 6 PERSONNES
PRÉPARATION : 30 min
CUISSON : 10 min environ
RÉFRIGÉRATION : 4 h

> 4 citrons verts
> 6 œufs
> 100 g de sucre en poudre
> 50 cl de crème fraîche liquide, très froide
> 100 g de sucre glace
> 1 pincée de sel

1. Brossez les citrons sous l'eau froide, puis essuyez-les. Râpez finement leur zeste. Coupez-les en deux, pressez-les et versez le jus dans une casserole.

2. Cassez les œufs en séparant les blancs des jaunes.

3. Mettez le sucre en poudre et les zestes râpés dans la casserole et portez doucement à ébullition. Aux premiers bouillons, retirez la casserole du feu et versez son contenu sur les jaunes d'œufs en fouettant vivement. Remettez le mélange dans la casserole et chauffez très doucement, sans cesser de remuer, jusqu'à ce que cette crème épaississe. Arrêtez le feu et laissez refroidir.

4. Fouettez la crème fraîche en chantilly ferme. Ajoutez le sucre glace, mélangez bien et incorporez le tout délicatement à la crème au citron.

5. Battez les blancs d'œufs en neige ferme avec la pincée de sel. Incorporez-les avec précaution à la préparation précédente, en soulevant la masse pour ne pas les briser.

6. Versez la mousse dans une grande coupe ou dans des coupelles individuelles. Mettez au réfrigérateur pour 4 heures environ. Servez bien frais.

Compote de litchis et de framboises

POUR 4 PERSONNES
PRÉPARATION : 20 min
CUISSON : 3 min environ

> 500 g de litchis
> le jus de 1/2 citron
> 300 g de framboises
> 100 g de sucre cristallisé

1. Pelez et dénoyautez les litchis, arrosez-les avec le jus de citron.
2. Mixez les framboises et le sucre pour obtenir un coulis.
3. Versez le coulis de framboises dans une casserole. Portez à ébullition, ajoutez les litchis et laissez cuire 3 minutes environ.
4. Versez cette compote dans un compotier et laissez refroidir avant de mettre au réfrigérateur ou de congeler dans des bacs en plastique.

> **Bon à savoir** : Le litchi est un fruit cultivé principalement en Asie. En France, vous le trouverez frais de novembre à janvier et le reste de l'année en conserve, au sirop et dénoyauté.

Salade de kiwis aux agrumes

POUR 4 PERSONNES

PRÉPARATION : 15 min

CUISSON : quelques secondes

> 3 kiwis
> 1 orange
> 1 pomelo
> 1 citron
> 2 cuill. à soupe de miel liquide
> 1 cuill. à soupe d'amandes effilées
> quelques feuilles de menthe

1. Pelez les kiwis et coupez-les en tranches fines. Pelez l'orange et le pomelo à vif, détachez les segments.

2. Coupez le citron en deux et pressez-le pour en recueillir le jus. Versez celui-ci dans un bol et mélangez-le avec le miel.

3. Déposez les fruits dans un saladier, arrosez-les avec le jus au miel et gardez au frais jusqu'au moment de servir.

4. Faites griller les amandes quelques instants à sec dans une poêle bien chaude. Au moment de servir, parsemez-en la salade de fruits et décorez avec les feuilles de menthe.

Bananes poêlées au lait de coco

POUR 4 PERSONNES
PRÉPARATION : 15 min
CUISSON : 5 min environ

> 1/2 citron vert ou jaune
> 2 cuill. à soupe de sucre en poudre
> 4 bananes
> 30 g de beurre
> 1 cuill. à soupe de miel liquide
> 6 cuill. à soupe de lait de coco
> 1/4 cuill. à café de gingembre moulu
> 1 cuill. à café de cannelle en poudre
> 2 cuill. à soupe de noix de coco râpée (facultatif)

1. Prélevez le zeste du citron en fines lanières, puis pressez le fruit. Plongez le zeste dans une petite casserole d'eau bouillante pendant 5 minutes ; égouttez-le. Versez 10 cl d'eau et le sucre dans la casserole. Portez doucement à ébullition en remuant jusqu'à ce que le sucre soit complètement dissous, ajoutez le zeste et laissez cuire 5 minutes à feu doux. Égouttez-le à nouveau et réservez-le.

2. Pelez les bananes et coupez-les en deux dans le sens de la longueur. Dans une poêle, faites fondre le beurre, posez les demi-bananes sur le côté plat et laissez-les dorer pendant environ 5 minutes, à feu moyen, en les retournant une ou deux fois. Sortez-les délicatement et disposez-les sur un plat.

3. Laissez la poêle à feu vif, versez-y le miel, puis le lait de coco, le jus de citron et les épices. Mélangez et faites cuire cette sauce à forte ébullition quelques instants pour qu'elle épaississe un peu.

4. Nappez les bananes de sauce et saupoudrez-les de noix de coco râpée. Décorez le plat avec les lanières de zeste de citron confit. Servez aussitôt.

Riz au lait aux framboises

POUR 4 PERSONNES
PRÉPARATION : 15 min
CUISSON : 45 min environ

> 200 g de riz rond
> 1 litre de lait
> 1 pincée de sel
> 1 sachet de sucre vanillé
> 100 g de sucre en poudre
> 50 g de beurre
> 2 jaunes d'œufs
> 25 cl de coulis de framboises tout prêt
> 120 g de framboises (facultatif)

1. Lavez le riz. Portez à ébullition une grande casserole d'eau, versez-y le riz et faites cuire pendant 3 minutes.

2. Faites bouillir le lait dans une autre casserole avec la pincée de sel et le sucre vanillé.

3. Égouttez le riz, versez-le dans le lait bouillant et faites repartir l'ébullition. Baissez ensuite le feu et laissez cuire à petits frémissements pendant environ 40 minutes, jusqu'à ce que les grains s'écrasent facilement.

4. Retirez la casserole du feu. Attendez quelques instants, puis ajoutez le sucre en poudre en remuant vivement. Incorporez ensuite le beurre et les jaunes d'œufs. Laissez refroidir complètement.

5. Versez une première couche de riz au lait dans des verrines, ajoutez du coulis de framboises et terminez par du riz au lait. Décorez éventuellement avec quelques framboises entières et mettez au réfrigérateur. Servez bien frais.

Conseil. Ce dessert peut aussi, tout simplement, être dégusté nature.

Ananas en surprise à la créole

POUR 8 PERSONNES
PRÉPARATION : 30 min
RÉFRIGÉRATION : 1 h

> 1 bel ananas bien mûr
> 2 mangues
> 4 kiwis
> 3 cuill. à soupe de sucre vanillé
> le jus de 1 citron vert
> 2 cuill. à soupe de rhum (facultatif)

1. Choisissez un ananas de forme bien régulière. Coupez-le en deux dans le sens de la hauteur en laissant les feuilles, de manière à ce que chaque moitié d'ananas conserve la moitié du plumet.

2. À l'aide d'un couteau pointu, évidez chaque moitié d'ananas en laissant une épaisseur d'environ 1 cm de chair sur l'écorce. Retirez la partie dure du cœur, coupez la pulpe obtenue en dés réguliers et recueillez le jus qui s'en écoule. Mettez le jus et les dés de pulpe dans un saladier.

3. Pelez les mangues et les kiwis. Détaillez également la chair de ces fruits en dés. Mettez-les dans le saladier avec l'ananas. Ajoutez le sucre vanillé, le jus de citron vert et, éventuellement, le rhum. Mélangez délicatement.

4. Garnissez chaque moitié d'ananas de salade de fruits. Couvrez de film alimentaire et mettez à macérer au réfrigérateur pendant au moins 1 heure. Servez très frais, avec un bol de lait de coco glacé.

Gratin de fruits rouges au pain d'épice

POUR 4 PERSONNES
PRÉPARATION : 5 min
CUISSON : 5 min

> 2 tranches de pain d'épice
> 30 g de beurre
> 30 g de cassonade
> 300 g de mélange de fruits rouges surgelés

1. Préchauffez le four à 220 °C (therm. 7-8).

2. Coupez le pain d'épice en dés et placez ceux-ci dans le bol d'un mixeur avec le beurre et la cassonade. Mixez par impulsions jusqu'à obtenir un « sable » grossier.

3. Répartissez les fruits rouges, sans les décongeler, dans des ramequins ou dans d'autres petits plats à gratin. Recouvrez avec la préparation au pain d'épice. Faites dorer pendant 5 minutes en plaçant le plat en haut du four.

Conseil : Accompagnez chaque portion d'une généreuse cuillerée à soupe de crème fraîche épaisse ou de mascarpone.

Variante : Ce gratin peut aussi être préparé avec des abricots ou des ananas surgelés.

Tourte de fromage blanc aux abricots séchés

POUR 8 PERSONNES
PRÉPARATION : 35 min
REPOS : 2 h
CUISSON : 40 min

> 500 g de fromage blanc
> 1 citron non traité
> 350 g de farine
> 200 g de sucre en poudre
> 1 pincée de sel
> 1 sachet de levure (soit 11 g)
> 150 g de beurre mou + une noix pour le moule
> 3 œufs entiers + 2 jaunes d'œufs
> 150 g d'abricots séchés, coupés en dés
> 10 cl de vin blanc doux
> 2 sachets de sucre vanillé (soit 15 g)
> 1 cuill. à soupe de fécule de maïs

1. Faites égoutter le fromage blanc 2 heures dans une passoire tapissée d'un linge. Lavez le citron, râpez le zeste et pressez le jus.

2. Tamisez la farine, faites un puits et ajoutez 160 g de sucre, le sel, la levure, le zeste râpé, le beurre en morceaux et 2 jaunes d'œufs. Travaillez du bout des doigts en ajoutant, au besoin, juste assez d'eau froide pour obtenir une pâte souple. Mettez la pâte au frais pendant 1 heure.

3. Mettez les abricots dans une casserole avec le vin, 1 cuillerée à soupe de jus de citron et 5 cl d'eau. Faites frémir jusqu'à évaporation du liquide. Laissez refroidir.

4. Préchauffez le four à 160 °C (therm. 5). Divisez la pâte en deux parts inégales et étalez-la sur 3 mm d'épaisseur. Foncez un moule à manqué beurré avec la grande abaisse.

5. Mélangez le fromage égoutté, le reste du sucre, le sucre vanillé, 3 œufs entiers, la fécule délayée dans 1 cuillerée à soupe de jus de citron et les dés d'abricot. Versez ce mélange sur le fond de pâte. Placez sur l'ensemble la seconde abaisse de pâte, soudez les bords. Enfournez pour 40 minutes environ. Laissez tiédir le gâteau, puis démoulez-le. Servez froid.

SOMMAIRE

Velouté de courgettes à la menthe et à la feta

POUR 4 PERSONNES
PRÉPARATION : 5 min
CUISSON : 10 min

> 3 courgettes
> 2 pommes de terre bintje
> 150 g de feta
> 25 feuilles de menthe
> sel, poivre

1. Ôtez les extrémités des courgettes, lavez celles-ci et coupez-les en tronçons. Pelez les pommes de terre, lavez-les et coupez-les en deux.

2. Déposez les légumes dans un autocuiseur. Recouvrez-les d'eau (environ 1 litre) et ajoutez la moitié de la feta et des feuilles de menthe ; salez et poivrez. Fermez l'autocuiseur et comptez 10 minutes de cuisson après la rotation de la soupape.

3. Mixez, parsemez du reste de feta émiettée et de menthe ciselée. Servez aussitôt.

> **Variante.** Remplacez la feta par une bûche de chèvre et ajoutez quelques olives noires coupées en dés.

Salade niçoise

POUR 4-6 PERSONNES
PRÉPARATION : 40 min
CUISSON : 10 min

> 5 œufs
> 1 petite laitue
> 6 à 8 tomates
> 1 botte d'oignons nouveaux
> 12 à 18 filets d'anchois salés
> 1 poivron
> 3 branches de céleri
> 1 citron
> 3 ou 4 fonds d'artichauts violets
> 2 cuill. à soupe de vinaigre de vin blanc
> 5 cuill. à soupe d'huile d'olive
> 1 boîte de thon à l'huile ou au naturel
> 100 g de petites olives noires de Nice
> sel, poivre

1. Faites durcir les œufs pendant 10 minutes à l'eau bouillante.

2. Lavez et essorez la laitue. Coupez les tomates en quartiers. Pelez les oignons et hachez un peu de vert de la queue (la partie proche de l'oignon).

3. Dessalez les anchois sous le robinet.

4. Rincez le poivron, épépinez-le et coupez-le en fines lanières. Lavez les branches de céleri et coupez-les en tout petits dés. Citronnez les fonds d'artichaut et coupez-les en lamelles. Rafraîchissez et écalez les œufs : coupez-les en quartiers.

5. Préparez la vinaigrette avec le vinaigre, l'huile, du sel et du poivre.

6. Dans un grand plat creux, disposez la salade, puis les tomates, les tranches d'artichaut, les lanières de poivron, le thon émietté, les oignons, le céleri et les queues d'oignon hachées.

7. Versez la vinaigrette sur la salade et remuez-la. Disposez les quartiers d'œufs durs, les olives et les anchois par-dessus.

Soupe au pistou

POUR 4-6 PERSONNES
PRÉPARATION : 1 h
CUISSON : 1 h 20

- > 300 g de haricots blancs avec leurs cosses
- > 200 g de haricots rouges avec leurs cosses
- > 250 g de gros haricots verts (plats de préférence)
- > 2-3 petites courgettes
- > 4 pommes de terre moyennes
- > 5 gousses d'ail
- > 3 tomates
- > 1 gros bouquet de basilic
- > 4-5 cuill. à soupe d'huile d'olive
- > 75 g de parmesan râpé
- > 150 g de spaghettis
- > sel, poivre

1. Écossez les haricots blancs et rouges. Effilez et équeutez les haricots verts et coupez-les en tronçons. Épluchez les courgettes, les pommes de terre et l'ail. Plongez les tomates pendant 20 secondes dans de l'eau bouillante : rafraîchissez-les à l'eau froide. Pelez-les et épépinez-les.

2. Faites bouillir 2,5 litres d'eau dans un faitout, et mettez-y tous les haricots, les courgettes, les pommes de terre et 1 tomate. Laissez cuire 1 heure. Salez.

3. Pendant ce temps, préparez le pistou : hachez les 2 tomates restantes et réservez-les. Lavez et séchez le basilic et coupez-le grossièrement. Dans un mortier, pilez l'ail, salez, ajoutez le basilic et continuez jusqu'à obtenir une pommade. Ajoutez, en tournant, l'huile d'olive, les tomates hachées, du poivre et le parmesan.

4. À l'aide d'une écumoire, retirez du faitout pommes de terre et courgettes et écrasez-les avec une fourchette. Remettez cette purée dans la soupe.

5. Cassez les spaghettis en morceaux de 2 cm environ. Mettez-les dans la soupe. Faites cuire 20 minutes environ. Goûtez. La soupe est prête quand ils sont cuits.

6. Versez le pistou dans la soupe bouillante, mais hors du feu, mélangez et servez immédiatement.

Ratatouille niçoise

POUR 4-6 PERSONNES

PRÉPARATION : 30 min

CUISSON : 40 min environ

> 6 courgettes
> 2 oignons
> 3 poivrons
> 6 tomates
> 3 gousses d'ail
> 6 aubergines
> 8 cuill. à soupe d'huile d'olive
> 1 bouquet garni
> 1 branche de thym
> sel, poivre

1. Détaillez les courgettes en rondelles, sans les peler. Pelez et émincez les oignons.

2. Coupez les poivrons en deux, puis détaillez chaque moitié en lanières.

3. Plongez les tomates pendant 20 secondes dans de l'eau bouillante, puis rafraîchissez-les à l'eau froide. Pelez-les, épépinez-les et concassez grossièrement la pulpe.

4. Pelez et écrasez les gousses d'ail. Coupez les aubergines en rondelles.

5. Chauffez 6 cuillerées à soupe d'huile d'olive dans une cocotte en fonte. Faites-y revenir les aubergines, puis mettez les poivrons, les tomates, les oignons et, enfin, les courgettes et l'ail.

6. Ajoutez le bouquet garni et le thym, salez, poivrez et laissez cuire pendant 30 minutes à petit feu.

7. Ajoutez enfin 2 cuillerées à soupe d'huile d'olive et prolongez la cuisson plus ou moins longtemps suivant le goût. Retirez le bouquet garni et servez brûlant.

Crumble de carottes et de céleri-rave au carvi

POUR 4 PERSONNES
PRÉPARATION : 30 min
CUISSON : 30-35 min

> 350 g de carottes
> 350 g de céleri-rave
> 30 g de beurre
> 1 cuill. à soupe de graines de carvi
> sel, poivre

Pour la pâte à crumble

> 60 g de beurre mou
> 60 g de farine
> 1 cuill. à soupe de graines de carvi
> 70 g de parmesan râpé

1. Épluchez les carottes et le céleri-rave. Lavez-les et détaillez-les en petits cubes.

2. Dans une poêle, mettez à fondre le beurre, ajoutez les cubes de légumes et la cuillerée de graines de carvi. Faites dorer légèrement puis versez 20 cl d'eau ; salez et poivrez. Couvrez les légumes d'une feuille de papier sulfurisé et laissez cuire 20 minutes à feu moyen.

3. Pendant ce temps, préchauffez le four à 200 °C (therm. 6-7) et préparez la pâte à crumble. Dans un saladier, mélangez du bout des doigts le beurre avec la farine, le carvi et le parmesan. Vous devez obtenir un mélange granuleux.

4. Répartissez les légumes dans des plats à gratin individuels. Émiettez la pâte à crumble dessus. Faites cuire au four de 10 à 15 minutes. Servez aussitôt.

> **Conseil.** Pour donner aux légumes un aspect glacé, ajoutez 1 cuillerée à soupe de sucre dans la poêle juste avant d'y verser l'eau.

Aubergines au gratin à la toulousaine

POUR 4 PERSONNES
PRÉPARATION : 15 min
DÉGORGEMENT : 30 min
CUISSON : 30 min

> 4 aubergines
> 30 cl d'huile d'olive
> 5 tomates
> 2 gousses d'ail
> 50 g de mie de pain rassis
> 1 cuill. à soupe de persil haché
> sel, poivre

1. Lavez les aubergines et coupez-les en tranches épaisses, transversalement ou dans la longueur. Saupoudrez-les de sel et faites-les dégorger pendant 30 minutes. Rincez-les et épongez-les soigneusement.

2. Versez 20 cl d'huile dans une poêle et faites dorer les tranches d'aubergine en les retournant souvent.

3. Lavez les tomates, coupez-les en deux, retirez les pépins. Mettez 3 cuillerées à soupe d'huile à chauffer dans une autre poêle et faites-y sauter les demi-tomates ; salez et poivrez.

4. Préchauffez le four à 200 °C (therm. 6-7).

5. Pelez et hachez l'ail, puis mélangez-le avec la mie de pain émiettée.

6. Garnissez un plat à gratin huilé avec les tomates, les aubergines et le hachis d'ail à la mie de pain en les alternant. Arrosez de l'huile restante et faites gratiner pendant 10 à 15 minutes. Servez bien chaud.

Gratin de fenouil et de tomates au parmesan

POUR 4 PERSONNES
PRÉPARATION : 15 min
CUISSON : 1 h

> 2 grosses tomates bien mûres
> 2 bulbes de fenouil
> 1 petit pot de tapenade (environ 100 g)
> 2 cuill. à café d'herbes de Provence
> 10 cl d'huile d'olive
> 50 g de parmesan
> sel, poivre

1. Préchauffez le four à 170 °C (therm. 5-6).

2. Lavez les tomates puis détaillez-les en tranches épaisses. Coupez les bulbes de fenouil en deux dans la hauteur.

3. Déposez les demi-bulbes de fenouil et les tranches de tomate dans un grand plat à gratin. Badigeonnez chaque demi-bulbe d'une bonne épaisseur de tapenade. Saupoudrez d'herbes de Provence, salez et poivrez. Arrosez les légumes d'huile d'olive.

4. Râpez le parmesan et saupoudrez-en le fenouil et les tomates. Enfournez pour 1 heure. Dégustez bien chaud, en plat principal ou comme garniture d'une viande grillée.

> **Variante.** Pour changer, vous pouvez réaliser la même recette avec des petites aubergines ou des courgettes.

Cocotte d'orge perlé aux tomates et au basilic

POUR 4-6 PERSONNES
PRÉPARATION : 15 min
CUISSON : 50 min environ

> 300 g d'orge perlé précuit
> 500 g de tomates cerises
> 1 bouquet de basilic
> 4 gousses d'ail
> 5 échalotes
> 10 cl d'huile d'olive
> 200 g d'olives noires dénoyautées
> 100 g de tomates confites
> sel, poivre

1. Faites cuire l'orge perlé dans une grande quantité d'eau bouillante salée pendant 30 minutes (ou le temps indiqué sur l'emballage).

2. Pendant ce temps, lavez les tomates cerises. Lavez et effeuillez le basilic. Pelez et hachez l'ail et les échalotes.

3. Dans une cocotte, mettez à chauffer l'huile d'olive et saisissez l'ail et les échalotes quelques instants à feu vif pour qu'ils prennent couleur, puis ajoutez les olives et les deux sortes de tomates. Faites cuire encore 5 minutes.

4. Égouttez l'orge et versez-le dans la cocotte : salez et poivrez. Couvrez et poursuivez la cuisson pendant 20 minutes en remuant pour que tous les ingrédients « compotent » ensemble. Dégustez bien chaud.

> **Conseil.** Servez cette cocotte d'orge comme un plat principal ou en garniture d'un poulet ou d'un rôti de porc. Vous pouvez l'utiliser comme farce pour les poivrons ou les tomates.

Quiche au potiron et aux courgettes

POUR 4-6 PERSONNES
PRÉPARATION : 20 min
CUISSON : 1 h environ

> 1 pâte brisée préétalée
> 3 courgettes
> 200 g de chair de potiron (soit 1 tranche de 250 g environ)
> 4 œufs
> 25 cl de crème liquide
> 15 cl de lait
> 1 pincée de muscade râpée
> sel, poivre

1. Préchauffez le four à 180 °C (therm. 6).

2. Déroulez la pâte brisée avec son papier sulfurisé et garnissez-en un moule à manqué de 26 cm de diamètre. Piquez le fond avec une fourchette, recouvrez-le de papier sulfurisé, versez dessus des légumes secs ou des billes de céramique, puis enfournez pour 10 minutes.

3. Pendant ce temps, lavez les courgettes, retirez leurs extrémités et coupez-les en cubes. Coupez en cubes également la chair de potiron. Mettez les cubes de légumes dans une casserole d'eau bouillante salée et faites-les cuire pendant 15 minutes environ.

4. Dans un saladier, battez les œufs avec la crème, le lait et la muscade. Salez, poivrez et mélangez.

5. Égouttez les légumes et ajoutez-les dans le saladier. Mélangez puis étalez cette préparation sur le fond de tarte précuit. Enfournez pour 40 minutes. Servez chaud.

> **Conseil.** Vous pouvez aussi préparer 4 petites quiches individuelles en utilisant des moules de 10 cm de diamètre. Réduisez alors le temps de cuisson à 20 minutes seulement.

Papillons aux aubergines

POUR 4 PERSONNES
PRÉPARATION : 10 min
CUISSON : 20 min environ

> 2 aubergines
> 1 gousse d'ail
> 1/2 boîte de tomates concassées (200 g net)
> 3 cuill. à café de bouillon de volaille en poudre
> 3 cuill. à soupe d'huile d'olive
> 200 g de papillons
> sel, poivre

1. Épluchez les aubergines et coupez-les en dés. Pelez et émincez l'ail.

2. Déposez les aubergines et les tomates, égouttées, dans un plat allant au micro-ondes. Ajoutez l'ail, le bouillon en poudre et 2 cuillerées à soupe d'huile : salez et poivrez. Couvrez, puis faites cuire au micro-ondes à puissance maximale (850 W) de 12 à 15 minutes en remuant à mi-cuisson.

3. Pendant ce temps, faites cuire les pâtes al dente dans un grand volume d'eau bouillante salée. Égouttez-les, puis incorporez les aubergines à la tomate. Mélangez bien, ajoutez un filet d'huile d'olive et servez aussitôt.

> **Variante.** Faites de ce plat un gratin : parsemez les pâtes de rondelles de mozzarella et faites gratiner 10 minutes à four chaud.

Soufflé au saumon fumé

POUR 4-6 PERSONNES
PRÉPARATION : 20 min
CUISSON : 25 min environ

> 400 g de saumon fumé
> 20 g de beurre
> 4 œufs + 4 blancs d'œufs
> 25 cl de crème fraîche
> sel, poivre

1. Hachez le saumon fumé en très petits morceaux et mettez ceux-ci dans un saladier.

2. Préchauffez le four à 200 °C (therm. 6-7). Beurrez un moule à soufflé.

3. Battez les 4 œufs entiers avec la crème. Versez peu à peu ce mélange sur le saumon en le travaillant bien à la spatule pendant 7 ou 8 minutes.

4. Battez les 4 blancs d'œufs en neige très ferme avec 1 pincée de sel. Incorporez-les délicatement à la préparation au saumon en tournant toujours dans le même sens.

5. Versez la préparation dans le moule et faites cuire pendant 25 minutes environ sans ouvrir la porte du four pendant la cuisson. Servez aussitôt.

Tarte aux épinards

POUR 4 PERSONNES
PRÉPARATION : 15 min
CUISSON : 40 min

> 400 g d'épinards hachés surgelés
> 6 œufs
> 20 cl de crème fraîche
> 20 cl de lait
> 1 pâte feuilletée préétalée
> 1 bûche de chèvre cendré
> sel, poivre

1. Mettez les épinards dans une casserole et faites-les décongeler à feu très doux, ou décongelez-les au micro-ondes.

2. Préchauffez le four à 180 °C (therm. 6).

3. Dans un saladier, fouettez les œufs avec la crème et le lait. Ajoutez les épinards, salez et poivrez : fouettez de nouveau.

4. Déroulez la pâte feuilletée avec son papier sulfurisé et garnissez-en un moule à tarte. Versez-y la préparation aux épinards.

5. Détaillez la bûche de chèvre en tranches de 5 mm d'épaisseur. Déposez celles-ci sur le dessus de la tarte. Enfournez pour 40 minutes. Dégustez chaud.

> **Variante.** Ajoutez des pignons de pin grillés sur le dessus.

Pavés de cabillaud à la fondue de poireaux

POUR 4 PERSONNES
PRÉPARATION : 30 min
CUISSON : 30 min environ

> 6 à 8 poireaux
> 60 g de beurre
> 20 cl de crème fraîche
> 4 pavés de cabillaud d'environ 200 g chacun (sans la peau)
> 3 cuill. à soupe d'huile
> sel, poivre

1. Lavez et préparez les poireaux en ne gardant que la partie blanche et vert pâle. Détaillez-les en fines lamelles.

2. Faites fondre doucement le beurre dans une sauteuse. Ajoutez les poireaux, salez et poivrez. Couvrez et laissez cuire à feu très doux, 10 minutes environ, en remuant de temps en temps et sans les laisser prendre couleur.

3. Quand les poireaux sont tendres, ôtez le couvercle, versez la crème fraîche, mélangez et poursuivez la cuisson à feu très doux, 10 minutes environ, pour faire épaissir la sauce. Goûtez et rectifiez l'assaisonnement.

4. Pendant que les poireaux finissent de cuire, épongez les pavés de cabillaud avec du papier absorbant, salez-les et poivrez-les. Mettez l'huile à chauffer dans une poêle et faites-y cuire les pavés à feu moyen, de 8 à 12 minutes selon leur épaisseur, sans les retourner, en les arrosant de temps à autre du jus de cuisson et en couvrant à mi-cuisson, jusqu'à ce que la chair soit juste translucide.

5. Répartissez la fondue de poireaux dans des assiettes chaudes et posez les pavés de cabillaud dessus. Servez aussitôt.

Carrelet braisé au four

POUR 4 PERSONNES
PRÉPARATION : 15 min
CUISSON : 35 min environ

> 1 carrelet de 1,8 à 2 kg
> 2 échalotes grises
> 40 g de beurre
+ 10 g pour le plat
> 20 cl de vin blanc sec
> sel, poivre

1. Rincez le carrelet et épongez-le avec du papier absorbant. Pelez et hachez finement les échalotes.

2. Préchauffez le four à 210 °C (therm. 7). Beurrez largement un plat assez grand pour y poser le carrelet (ou la lèchefrite).

3. Répartissez les échalotes hachées dans le fond du plat, puis posez le carrelet dessus. Salez et poivrez, versez le vin blanc. Faites cuire au four pendant 35 minutes environ.

4. Sortez délicatement le carrelet du four, posez-le sur le plat de service et retirez la peau du poisson. Maintenez-le au chaud dans le four entrouvert.

5. Récupérez le jus de cuisson dans une petite casserole et faites-le réduire très légèrement à feu vif. Arrêtez le feu et ajoutez le beurre par petits morceaux, tout en fouettant. Goûtez et rectifiez l'assaisonnement. Versez dans la saucière bien chaude. Servez aussitôt le carrelet et sa sauce.

> **Conseil.** Vous pouvez accompagner ce plat d'épinards ou de pommes de terre cuites à l'eau.

Brandade de lieu au céleri

POUR 4 PERSONNES
PRÉPARATION : 10 min
DÉCONGÉLATION : 2 h
CUISSON : 25 min

> 400 g de purée de céleri surgelée
> 400 g de filets de lieu
> 1 œuf
> 50 g de parmesan râpé
> 25 g de beurre
> sel, poivre

1. Faites décongeler la purée de céleri au réfrigérateur pendant 2 heures.

2. Préchauffez le four à 200 °C (therm. 6-7).

3. Épongez le poisson avec du papier absorbant puis coupez-le en gros dés. Salez et poivrez les dés de poisson et répartissez-les dans un plat à gratin ou dans des ramequins individuels.

4. Mélangez la purée de céleri avec l'œuf et le parmesan. Étalez-la sur le poisson. Disposez des copeaux de beurre par-dessus et enfournez. Laissez cuire 25 minutes environ.

5. Servez bien chaud dès la sortie du four.

> **Variante.** Tous les filets de poisson seront délicieux dans cette recette, ainsi qu'une purée de pommes de terre, de carottes ou de brocolis.

Filets de daurade à la julienne de légumes

POUR 4-6 PERSONNES
PRÉPARATION : 30 min
CUISSON : 15-20 min

> 2 blancs de poireau
> 4 branches de céleri
> 1/2 bulbe de fenouil
> 2 petits navets (nouveaux de préférence)
> 50 g de beurre
> 800 g de filets de daurade
> 1 ou 2 citrons
> 20 cl de crème fraîche
> sel, poivre

1. Épluchez, lavez et coupez tous les légumes en fins bâtonnets.

2. Faites fondre 40 g de beurre dans une poêle (ou dans une casserole) et mettez cette julienne de légumes à cuire doucement jusqu'à ce que tous les légumes soient fondus ; salez et poivrez.

3. Préchauffez le four à 220 °C (therm. 7-8).

4. Beurrez un plat à gratin et étalez-y la julienne de légumes. Salez et poivrez les filets de daurade, puis disposez-les dans le plat.

5. Pressez les citrons de façon à obtenir 2 cuillerées à soupe de jus. Dans un bol, mélangez le jus de citron et la crème fraîche et versez ce mélange sur les filets de poisson.

6. Couvrez le plat d'une feuille d'aluminium et glissez au four pour 15 à 20 minutes. Servez dans le plat.

> **Variante.** Vous pouvez, de la même façon, préparer des filets de cabillaud ou de tout autre poisson.

Fricassée de calmars aux olives

POUR 4 PERSONNES
PRÉPARATION : 30 min
CUISSON : 1 h environ

1,5 kg de calmars frais, parés, ou 1 kg de calmars surgelés

- > 10 cl d'huile d'olive
- > 6 tomates
- > 3 gousses d'ail
- > 1 oignon
- > 25 cl de vin blanc
- > 3 branches de thym citron
- > 120 g d'olives noires dénoyautées
- > sel, poivre

1. Lavez les calmars si vous les achetez frais ; faites-les décongeler dans une passoire si vous les achetez congelés. Dans une grande poêle, faites-les saisir pendant 3 minutes avec 1 cuillerée à soupe d'huile d'olive pour qu'ils rejettent le maximum d'eau. Égouttez-les dans une passoire.

2. Plongez les tomates 20 secondes dans de l'eau bouillante, puis rafraîchissez-les à l'eau froide. Pelez-les, coupez-les en deux, retirez les graines, puis concassez grossièrement la pulpe.

3. Pelez et hachez l'ail et l'oignon. Dans une cocotte, faites-les fondre pendant 5 minutes avec 3 cuillerées à soupe d'huile d'olive. Ajoutez la pulpe de tomate, le vin blanc, le thym, du sel et du poivre. Laissez cuire 10 minutes à feu moyen.

4. Saisissez de nouveau les calmars dans une poêle avec l'huile d'olive restante. Mettez-les dans la cocotte. Laissez cuire de 30 à 40 minutes à feu moyen, sans couvrir. Environ 10 minutes avant la fin de cuisson, ajoutez les olives. Servez bien chaud.

> **Conseil.** Vous pouvez remplacer les tomates fraîches par 30 cl de coulis de tomates tout prêt.

Bâtonnets de poulet panés

POUR 4 PERSONNES
PRÉPARATION : 10 min
CUISSON : 15 min

> 4 blancs de poulet
> 100 g de chapelure
> 100 g d'emmental ou de comté râpé
> 3 cuill. à soupe de farine
> 1 œuf
> 1 cuill. à soupe d'huile d'olive
> 1 cuill. à café de beurre
> sel
> sauce tartare ou sauce béarnaise toute prête pour servir

1. Détaillez chaque blanc de poulet en quatre aiguillettes.

2. Versez la chapelure et le gruyère râpé dans le bol d'un mixeur : donnez quelques impulsions.

3. Préparez trois assiettes : la première remplie de farine, la deuxième d'œuf battu et la dernière du mélange chapelure-gruyère. Salez les aiguillettes de poulet et passez-les successivement dans la farine, l'œuf battu puis le mélange chapelure-gruyère.

4. Dans une poêle, mettez à chauffer l'huile d'olive et le beurre. Faites-y cuire les aiguillettes panées pendant 10 minutes à feu moyen. Retournez-les et prolongez la cuisson de 5 minutes. Servez aussitôt, avec la sauce tartare ou la sauce béarnaise.

Émincé de dinde aux tomates cerises

POUR 4 PERSONNES
PRÉPARATION : 10 min
CUISSON : 15 min

> 4 escalopes de dinde
> 250 g de tomates cerises
> 2 gousses d'ail
> 6 cuill. à soupe d'huile d'olive
> 3 ou 4 brins de thym
> 4 cuill. à soupe de vinaigre balsamique
> 50 g de copeaux de parmesan
> sel, poivre

1. Détaillez les escalopes de dinde en fines lamelles régulières. Lavez et équeutez les tomates cerises. Pelez et hachez l'ail.

2. Faites chauffer l'huile d'olive dans une grande poêle. Saisissez les lamelles de dinde et l'ail dans l'huile chaude, jusqu'à ce que la viande soit colorée. Salez, poivrez et ajoutez les tomates cerises entières et le thym effeuillé. Remuez délicatement, versez le vinaigre balsamique. Laissez mijoter pendant 10 minutes à feu doux.

3. Lorsque les lamelles de volaille sont cuites et les tomates fondantes, retirez la poêle du feu et dressez le tout dans un grand plat. Nappez avec le jus de cuisson et parsemez de copeaux de parmesan.

> **Conseil.** Accompagnez ce plat d'une purée de pommes de terre.

> **Variante.** Cette recette sera tout aussi savoureuse préparée avec des blancs de poulet, des côtes de porc ou des escalopes de veau découpées en fines tranches à la place de la dinde.

Spaghettis à la carbonara

POUR 4 PERSONNES

PRÉPARATION : 15 min

CUISSON : 12-15 min

> 400 g de spaghettis
> 1 oignon
> 30 g de beurre
> 200 g de lardons fumés
> 1/2 verre de vin blanc
> 1 œuf + 2 jaunes d'œufs
> 75 g de parmesan râpé
> sel, poivre

1. Faites cuire les spaghettis al dente dans un grand volume d'eau bouillante salée. Mettez le plat de service à tiédir sur un bain-marie.

2. Pendant la cuisson des pâtes, pelez et hachez l'oignon. Faites fondre le beurre dans une poêle et mettez-y à revenir l'oignon avec les lardons. Ajoutez le vin blanc et faites cuire 2 ou 3 minutes. Versez le tout dans le plat de service.

3. Battez l'œuf entier et les jaunes d'œufs ensemble, salez et poivrez, puis ajoutez le parmesan et 2 cuillerées à soupe d'eau de cuisson des pâtes.

4. Égouttez les spaghettis et versez-les dans le plat de service. Mélangez avec les lardons.

5. Versez immédiatement dessus les œufs au parmesan, mélangez et servez très chaud.

Cannellonis au fromage et au jambon

POUR 4 PERSONNES
PRÉPARATION : 45 min
REPOS : 2 h
CUISSON : 20 min

> 300 g de pâte à cannellonis maison ou 12 rectangles de pâte fraîche du commerce
> 500 g de ricotta ou de fromage blanc égoutté
> 2 œufs + 1 jaune d'œuf
> 4 cuill. à soupe de persil ciselé
> 5 cuill. à soupe de parmesan râpé
> 25 g de beurre
> 12 tranches de jambon cru
> 30 cl de sauce tomate
> sel, poivre, muscade

Pour la pâte (si vous n'utilisez pas celle du commerce)

> 200 g de farine
> 2 œufs

1. Préparez la pâte à cannellonis. Tamisez la farine dans un saladier, faites un puits, cassez-y les œufs et ajoutez 1 pincée de sel. Avec une cuillère en bois, commencez à mélanger, ajoutez de l'eau et pétrissez jusqu'à obtenir une pâte ferme et élastique. Enveloppez-la dans un film alimentaire et mettez-la au réfrigérateur pour au moins 1 heure. Farinez le plan de travail et étalez la pâte sur 3 mm d'épaisseur. À l'aide d'une roulette, découpez 12 rectangles de 6 x 8 cm et laissez-les sécher 1 heure.

2. Faites cuire les rectangles de pâte (maison ou du commerce) 4 minutes dans de l'eau bouillante salée. Plongez-les aussitôt dans de l'eau froide, égouttez-les et étalez-les sur un linge humide.

3. Mélangez la ricotta, les œufs entiers et le jaune, le persil et 1 cuillerée à soupe de parmesan. Salez, poivrez et râpez de la muscade. Faites fondre le beurre.

4. Préchauffez le four à 100 °C (therm. 3). Posez sur chaque rectangle de pâte une tranche de jambon, puis une portion de farce au fromage. Roulez les cannellonis et rangez-les dans un plat beurré. Arrosez de beurre fondu, nappez de sauce tomate et poudrez du reste de parmesan. Enfournez pour 20 minutes.

Gratin de macaronis au gouda

POUR 4 PERSONNES
PRÉPARATION : 15 min
CUISSON : 25 min environ

> 400 g de macaronis
> 140 g de gouda au cumin
> 25 cl de crème liquide
> 150 g de lardons
> sel, poivre

1. Faites cuire les macaronis dans un grand volume d'eau bouillante salée, le temps indiqué sur l'emballage. Égouttez-les et rafraîchissez-les sous l'eau froide.

2. Coupez la moitié du gouda en petits morceaux. Dans une casserole, mettez à chauffer la crème, ajoutez le fromage coupé et laissez fondre celui-ci à feu doux en remuant avec une cuillère en bois.

3. Dans un récipient, mélangez les macaronis avec la crème au gouda, salez et poivrez.

4. Préchauffez le four à 200 °C (therm. 6-7).

5. Faites dorer les lardons dans une poêle sans matière grasse, puis égouttez-les sur du papier absorbant. Ajoutez-les aux macaronis, mélangez puis versez le tout dans un plat à gratin.

6. Râpez le reste du gouda au cumin et parsemez-en la surface des pâtes. Faites gratiner au four 15 minutes. Servez très chaud.

> **Conseil.** Pour obtenir un gratin encore plus moelleux, faites tremper les macaronis, une fois cuits, pendant 12 heures dans du lait.

Endives au jambon

POUR 4 PERSONNES
PRÉPARATION : 30 min
CUISSON : 30 min environ

> 4 endives
> 90 g de beurre
> 30 g de farine
> 50 cl de lait
> 60 g de fromage râpé
> 4 tranches de jambon blanc
> sel, poivre, muscade

1. Choisissez des endives bien blanches et bien fermées. Éliminez les premières feuilles abîmées et coupez le trognon.

2. Mettez à chauffer 30 g de beurre dans une poêle et faites-y cuire les endives à l'étuvée.

3. Dans une casserole, mettez à fondre 30 g de beurre. Ajoutez la farine et remuez vivement pour obtenir un mélange lisse. Laissez cuire 2 minutes, sans laisser colorer. Ôtez la casserole du feu et versez le lait froid d'un seul coup, en fouettant pour empêcher la formation de grumeaux. Remettez cette béchamel sur le feu et laissez-la cuire de 10 à 12 minutes pour la faire épaissir. Salez, poivrez, râpez une bonne pincée de noix de muscade et ajoutez 30 g de fromage râpé. Mélangez.

4. Préchauffez le four à 275 °C (therm. 9). Beurrez un plat à gratin.

5. Égouttez les endives, enroulez chacune d'elles dans une tranche de jambon. Rangez-les côte à côte dans le plat et nappez-les de béchamel.

6. Parsemez du reste de fromage râpé et du reste de beurre (30 g) en noisettes. Mettez au four pendant 15 minutes

Tartiflette savoyarde

POUR 4 PERSONNES
PRÉPARATION : 30 min
CUISSON : 50 min

> 600 g de pommes de terre
> 1 oignon
> 250 g de reblochon
> 200 g de lardons fumés
> 1 cuill. à soupe d'huile d'arachide
> 30 cl de crème liquide

1. Épluchez et lavez les pommes de terre. Faites-les cuire 20 minutes dans de l'eau salée. Égouttez-les, rafraîchissez-les sous l'eau froide puis coupez-les en tranches.

2. Pelez et émincez l'oignon. Coupez le reblochon en deux dans l'épaisseur.

3. Dans une poêle, mettez à chauffer l'huile et faites-y saisir les lardons.

4. Préchauffez le four à 180 °C (therm. 6).

5. Répartissez les tranches de pomme de terre, les lardons et l'oignon en couches dans un grand plat à gratin. Recouvrez toute la surface avec les trois quarts du reblochon posé croûte vers le bas.

6. Dans une casserole, faites chauffer la crème avec le reste du reblochon, à feu doux. Mélangez soigneusement pour faire fondre le fromage puis versez la crème au reblochon dans le plat.

7. Faites cuire au four de 25 à 30 minutes. Servez aussitôt, avec une salade verte.

> **Variante.** Le reblochon peut être remplacé par du morbier. Vous pouvez aussi faire fondre les oignons avec les lardons dans une poêle pendant 5 minutes pour les faire légèrement colorer.

Tomates farcies

POUR 4 PERSONNES
PRÉPARATION : 20 min
CUISSON : 30-40 min

> 4 grosses tomates
> 1/2 oignon
> 1/2 gousse d'ail
> 20 g de persil
> 20 g de beurre
> 150 g de chair à saucisse fine
> 20 g de mie de pain fraîche
> 2 cuill. à soupe d'huile d'arachide
> sel, poivre

1. Choisissez des tomates mûres, mais fermes, de forme régulière. Coupez un chapeau dans chaque tomate du côté du pédoncule. Creusez les tomates à la petite cuillère. Salez légèrement l'intérieur des tomates, puis retournez-les sur une grille pour qu'elles s'égouttent.

2. Épluchez et hachez l'oignon et l'ail, hachez le persil.

3. Mettez le beurre à fondre dans une casserole et faites-y dorer l'oignon. Puis mélangez-le bien avec la chair à saucisse, la mie de pain émiettée, le persil, l'ail, du sel et du poivre. Travaillez la farce pour la rendre bien homogène.

4. Préchauffez le four à 220 °C (therm. 7-8).

5. À l'aide d'une petite cuillère, remplissez les tomates de farce en formant un dôme et replacez les chapeaux. Disposez-les côte à côte dans un plat à gratin huilé. Arrosez d'huile, enfournez et faites cuire pendant 30 à 40 minutes. Servez très chaud.

Petit salé aux lentilles

POUR 4 PERSONNES
PRÉPARATION : 20 min
DESSALAGE : 2 h
CUISSON : 2 h 30

> 600 g de palette fraîche au sel
> 400 g de poitrine fraîche salée
> 2 carottes
> 1 oignon
> 4 saucisses de Montbéliard
> 350 g de lentilles vertes
> 1 feuille de laurier
> 1 branche de thym
> sel, poivre

1. Mettez les viandes à dessaler dans un récipient d'eau froide pendant 2 heures en changeant d'eau régulièrement.

2. Égouttez les viandes, mettez-les dans une grande casserole avec 1 carotte et l'oignon coupé en deux. Couvrez d'eau froide, portez à ébullition, puis faites cuire 1 h 30 à feu moyen en écumant la surface régulièrement. Ajoutez les saucisses que vous aurez piquées en plusieurs endroits, laissez cuire encore 30 minutes.

3. Pendant la cuisson des viandes, commencez à préparer les lentilles. Rincez-les, mettez-les dans une casserole avec un grand volume d'eau froide, l'autre carotte coupée en deux, le laurier et le thym. Portez à ébullition puis laissez cuire 30 minutes à feu moyen ; assaisonnez en fin de cuisson.

4. Égouttez les viandes et coupez-les en morceaux. Ajoutez-les aux lentilles et faites mijoter le tout encore 30 minutes à feu doux avant de déguster.

> **Conseil.** Accompagnez le petit salé avec différentes variétés de moutarde : à l'ancienne, parfumée, etc. Vous pouvez ajouter de l'échine de porc dans le petit salé.

STAUB

Pizza complète

POUR 4 PERSONNES
PRÉPARATION : 30 min
CUISSON : 10 min

> 250 g de pâte à pizza
> 1 gros oignon rouge
> 4 tomates
> 200 g de mozzarella
> 2 tranches de jambon légèrement épaisses
> 120 g de champignons de Paris
> 40 cl de coulis de tomates
> 16 olives vertes et noires
> 1 cuill. à soupe de brindilles de thym ou d'herbes de Provence
> 3 cuill. à soupe d'huile d'olive
> sel, poivre

1. Partagez la pâte à pizza en 4 morceaux et étalez ceux-ci en disques de 5 mm d'épaisseur. Posez les disques sur une plaque recouverte de papier sulfurisé et laissez gonfler le temps de préparer la garniture. (Vous pouvez aussi préparer une seule pizza familiale.)

2. Pelez l'oignon et coupez-le en rondelles. Détaillez les tomates et la mozzarella en tranches. Coupez les tranches de jambon en petits morceaux. Lavez et émincez les champignons.

3. Préchauffez le four à 220 °C (therm. 7-8).

4. Étalez le coulis de tomates sur les disques de pâte, sans aller jusqu'au bord. Répartissez dessus le jambon et les champignons. Déposez ensuite les tranches de tomate puis celles de mozzarella ainsi que les rondelles d'oignon. Mettez 4 olives sur chaque pizza et parsemez de brindilles de thym.

5. Arrosez les pizzas d'huile d'olive, salez et poivrez. Enfournez pour 10 minutes. Dégustez les pizzas brûlantes.

> **Conseil.** Réalisez vous-même le coulis de tomates. Faites fondre 1 oignon et 2 gousses d'ail écrasées avec un peu d'huile d'olive, puis faites-y cuire 8 tomates pelées et concassées, avant de mixer.

Saltimboccas de veau à la mozzarella

POUR 4 PERSONNES
PRÉPARATION : 15 min
CUISSON : 10 min

> 1 boule de mozzarella
> 4 escalopes de veau
> 4 tranches de jambon de Parme
> 2 cuill. à soupe d'huile d'olive

1. Détaillez la mozzarella en petites tranches. Tapez sur les escalopes de veau, à l'aide d'un rouleau à pâtisserie, pour les assouplir, puis aplatissez-les jusqu'à obtenir des tranches très fines.

2. Déposez 1 tranche de jambon de Parme sur chaque escalope de veau et répartissez les tranches de mozzarella. Enroulez le tout et piquez un cure-dents au centre de chaque saltimbocca pour le maintenir.

3. Dans une poêle antiadhésive, faites chauffer l'huile d'olive. Déposez-y les saltimboccas et faites-les cuire 2 ou 3 minutes sur toutes les faces. Le veau doit être bien doré et la mozzarella fondante. Servez bien chaud.

> **Conseil.** Accompagnez les saltimboccas d'une salade de roquette ou de mâche et d'une rondelle de citron.

Direction de la publication : Isabelle Jeuge-Maynart
Direction éditoriale : Delphine Blétry
Édition : Ewa Lochet
Direction artistique : Emmanuel Chaspoul
Informatique éditoriale : Marion Pépin, Philippe Cazabet
Mise en page : Martine Debrais
Lecture-correction : Joëlle Narjollet
Couverture : Véronique Laporte
Fabrication : Annie Botrel

Crédits photographiques : pages 29, 31 : Fabrice Besse © coll. Larousse (stylisme : Christl Exelmans) : pages 5, 23, 25, 35, 43, 53 : Guillaume Czerw © coll. Larousse (stylisme : Alexia Janny) ; pages 7, 9, 11, 49 : Caroline Faccioli © coll. Larousse (stylisme : Sabine Paris) ; page 33 : Valéry Guedes © coll. Larousse (stylisme : Noëmie André) ; page 59 : Marie-José Jarry © coll. Larousse (stylisme : Bérengère Abraham) ; pages 17, 19, 41 : Jean-François Mallet © coll. Larousse ; pages 15, 21, 45 : Olivier Ploton © coll. Larousse (stylisme : Valérie Vermeeren) ; page 32 : Olivier Ploton © coll. Larousse ; pages 27, 39 : Philippe Vaurès Santamaria © coll. Larousse (stylisme : Laurence du Tilly) ; pages 13, 37, 47, 51, 55, 57 : Pierre-Louis Viel © coll. Larousse (stylisme : Valéry Drouet)
Illusration de couverture : Véronique Laporte

ISBN : 301-0-00-001319-8

Photogravure Nord Compo, Villeneuve-d'Ascq
Imprimé en Chine par Leo Paper Products
Dépôt légal : octobre 2011
306770/01 – 11014383 – avril 2011

PETITS PLATS DANS LES GRANDS

LAROUSSE

21 rue du Montparnasse 75283 Paris Cedex 06

SOMMAIRE

Velouté d'asperges, chantilly au poivre

POUR 4 PERSONNES
PRÉPARATION : 20 min
CUISSON : 15-20 min

> 1 kg d'asperges vertes
> 10 cl de crème fraîche liquide
> 75 cl de lait
> 2 pincées de piment de Cayenne
> 1 pincée de muscade râpée
> 1 cuill. à café de fécule de maïs
> 2 cuill. à café d'huile de noisette
> sel, poivre

1. Coupez l'extrémité dure des asperges et grattez les tiges avec un couteau Économe. Coupez les pointes à 3 cm et les tiges en rondelles. Faites cuire les pointes à la vapeur pendant 5 minutes.

2. Mettez la crème pendant 10 minutes au congélateur dans un petit saladier.

3. Dans une casserole, faites bouillir le lait avec 1 pincée de sel. Plongez-y les rondelles d'asperge et faites-les cuire de 10 à 12 minutes. Poivrez, ajoutez le piment et la muscade, et mixez pour obtenir un mélange très lisse. Transvasez dans une autre casserole à travers une passoire fine.

4. Délayez la fécule avec 1 cuillerée à soupe d'eau et versez-la dans la casserole. Portez doucement à ébullition et laissez cuire 2 minutes en remuant jusqu'à obtenir un velouté onctueux.

5. Sortez la crème du congélateur et fouettez-la en chantilly ferme en la poivrant légèrement.

6. Versez le velouté dans quatre bols et posez la chantilly à la surface. Répartissez les pointes d'asperge et décorez de poivre concassé. Au moment de servir, arrosez le velouté de quelques gouttes d'huile de noisette.

Salade de langoustines aux courgettes

POUR 4-6 PERSONNES
PRÉPARATION : 25 min
CUISSON : 3 min

- > 12-18 langoustines
- > 2 courgettes à peau fine
- > 5 cuill. à soupe d'huile d'olive
- > 50 g de trévise
- > 2 citrons
- > 24 olives noires dénoyautées
- > 80 g de pousses de radis (facultatif)
- > sel, poivre

1. Rincez les langoustines et détachez les têtes. Pour décortiquer les langoustines sectionnez avec des ciseaux la membrane ventrale de la carapace.

2. Lavez les courgettes puis détaillez-les en fines rondelles sans les éplucher. Mettez à chauffer 1 cuillerée à soupe d'huile dans une poêle et faites-y revenir les courgettes pendant 3 minutes à feu vif : salez et poivrez. Égouttez les courgettes et épongez-les avec du papier absorbant.

3. Lavez et essorez la salade.

4. Fouettez 4 cuillerées à soupe d'huile d'olive avec 3 cuillerées à soupe de jus de citron, salez et poivrez. Versez la moitié de cette vinaigrette sur les langoustines et mélangez. Assaisonnez la salade avec le reste de sauce.

5. Répartissez la salade dans les assiettes. Ajoutez les courgettes puis les langoustines et les olives dénoyautées. Parsemez éventuellement de pousses de radis et servez.

Mille-feuilles croustillants de courgettes au chèvre

POUR 4 PERSONNES
PRÉPARATION : 15 min
CUISSON : 10 min

> 1 courgette de taille moyenne
> 3 cuill. à soupe d'huile d'olive + un filet pour arroser
> 4 feuilles de pâte filo
> 4 crottins de fromage de chèvre
> 2 branches de thym
> sel, poivre

1. Coupez la courgette en rondelles. Dans une poêle, mettez à chauffer 2 cuillerées à soupe d'huile d'olive et faites-y cuire les rondelles de courgette pendant 5 minutes ; salez et poivrez.

2. Préchauffez le four à 220 °C (therm. 7-8). À l'aide de ciseaux, coupez les feuilles de pâte filo en rectangles de 10 cm de long sur 5 cm de large. Badigeonnez ceux-ci avec la cuillerée d'huile restante, à l'aide d'un pinceau.

3. Coupez les crottins de chèvre en tranches de 3 mm d'épaisseur.

4. Montez les mille-feuilles en intercalant les feuilles de pâte filo, les courgettes et les tranches de chèvre. Arrosez-les avec un peu d'huile d'olive. Parsemez de thym émietté.

5. Faites cuire au four pendant 5 minutes. Servez aussitôt.

> **Conseil.** Accompagnez ces mille-feuilles d'une salade verte.

> **Variante.** Remplacez la pâte filo par des feuilles de brick, c'est tout aussi délicieux !

Aumônières de saint-jacques aux poireaux

POUR 4 PERSONNES

PRÉPARATION : 20 min

CUISSON : 20 min environ

- > 2 petits poireaux
- > 60 g de beurre
- > 2 cuill. à soupe d'huile d'olive
- > 12 ou 16 noix de saint-jacques sans corail
- > 4 crêpes de blé noir ou de froment
- > 2 branchettes de thym
- > sel, poivre

1. Retirez les grosses feuilles vertes des poireaux. Taillez le reste en fine julienne, puis rincez soigneusement.

2. Dans une poêle, mettez à chauffer 30 g de beurre et faites-y fondre les poireaux pendant 6 à 8 minutes.

3. Dans une autre poêle, faites chauffer l'huile d'olive et saisissez les noix de saint-jacques pendant 1 minute de chaque côté.

4. Préchauffez le four à 180 °C (therm. 6). Recouvrez la plaque du four de papier sulfurisé.

5. Répartissez la fondue de poireaux au centre des crêpes. Ajoutez 3 ou 4 noix de saint-jacques par-dessus. Parsemez de thym effeuillé, salez, poivrez puis déposez une noisette de beurre dans chaque crêpe.

6. Fermez délicatement les crêpes en aumônières ou en portefeuille, en les faisant tenir avec des cure-dents. Déposez les crêpes sur la plaque et enfournez pour 6 à 8 minutes.

Terrine de foie gras mi-cuit

POUR UNE TERRINE DE 1 KG ENVIRON

PRÉPARATION : 15 min

MARINADE : 12 h

CUISSON : 40 min

> 1 kg de foie gras de canard ou d'oie
> 16 g de sel
> 5 g de poivre blanc
> 2 g de quatre-épices
> 10 cl de porto blanc

1. Dénervez les lobes de foie. Mettez-les dans un plat, saupoudrez-les des deux côtés de sel, de poivre blanc, de quatre-épices et arrosez de porto. Laissez-les mariner 12 heures au réfrigérateur en les retournant de temps en temps.

2. Préchauffez le four à 100 °C (therm. 3-4). Déposez les lobes de foie dans une terrine en tassant bien, de façon qu'il ne reste aucune poche d'air. Mettez la terrine dans un plat à bords hauts et versez de l'eau bouillante jusqu'à mi-hauteur. Faites cuire au four pendant 40 minutes.

3. Sortez la terrine du four et laissez refroidir. Posez dessus une planchette et un poids de 250 g, puis mettez au réfrigérateur.

4. Retirez la planchette lorsque la graisse est figée. Mettez cette graisse dans une casserole pour la faire fondre, puis coulez-la sur le dessus de la terrine.

5. Démoulez la terrine avant de la servir et coupez-la en tranches.

Salade de courgettes à la mimolette et au magret fumé

POUR 4 PERSONNES
PRÉPARATION : 20 min

> 4 cuill. à soupe de vinaigre balsamique
> 4 cuill. à soupe d'huile d'olive
> 3 courgettes
> 60 g de pignons de pin
> 120 g de mimolette vieille
> 20 tranches de magret de canard fumé
> sel, poivre

1. Dans un bol, mélangez le vinaigre avec l'huile, du sel et du poivre.

2. Lavez les courgettes puis, sans les éplucher, détaillez-les, à l'aide d'un Économe, en fines lanières sans aller jusqu'au cœur.

3. Faites griller les pignons de pin à sec dans une poêle. Retirez la croûte de la mimolette et faites des copeaux avec un Économe ou au couteau. Dégraissez les tranches de magret de canard.

4. Réunissez tous les ingrédients dans un saladier, versez la vinaigrette et mélangez délicatement. Servez aussitôt.

> **Conseil.** Utilisez des petites courgettes : elles ont très peu de pépins et sont tendres et bien fermes. Vous pouvez également les râper.

Foie gras poêlé au raisin

POUR 4 PERSONNES
MACÉRATION : 1 h
PRÉPARATION : 30 min
CUISSON : 4 à 6 min

> 1 foie gras cru de canard de 400 à 500 g
> 1 pincée de quatre-épices
> 10 cl de porto
> 1 belle grappe de raisin blanc à gros grains
> 2 cuill. à soupe de farine
> 4 tranches de pain blanc
> 10 cl de fond de veau (frais ou à base de produit déshydraté)
> sel, poivre

1. Écartez les lobes du foie, dénervez-les sommairement avec un petit couteau et retirez toutes les traces laissées par le fiel. Rincez le foie, épongez-le et coupez-le en biais, aussi régulièrement que possible, en escalopes d'environ 1,5 à 2 cm d'épaisseur.

2. Salez et poivrez les escalopes dans une assiette creuse. Ajoutez le quatre-épices et le porto. Retournez les escalopes deux ou trois fois et laissez-les macérer 1 heure.

3. Rincez le raisin et égrappez-le. Pelez et épépinez les grains.

4. Égouttez les escalopes en conservant le porto de macération. Séchez-les, passez-les dans la farine sur les deux faces et tapotez-les pour faire tomber l'excédent.

5. Chauffez une poêle antiadhésive. Faites cuire les escalopes à feu vif, 1 minute de chaque côté. Baissez le feu et terminez la cuisson à feu modéré pendant 1 ou 2 minutes de chaque côté. Égouttez-les, posez-les sur le plat de service chaud et couvrez-les d'une feuille d'aluminium.

6. Faites griller le pain.

7. Jetez la graisse de cuisson. Versez le porto de macération et le fond de veau dans la poêle, portez à ébullition et laissez réduire de moitié à feu vif. Baissez le feu, ajoutez le raisin et faites-le chauffer. Versez la sauce sur les escalopes. Servez très chaud.

Risotto aux fèves et aux asperges

POUR 4 PERSONNES
PRÉPARATION : 10 min
CUISSON : 25 min

> 8 asperges vertes, fraîches ou surgelées
> 200 g de fèves pelées, fraîches ou surgelées
> 1 cube de bouillon de volaille
> 1 oignon
> 2 cuill. à soupe d'huile d'olive
> 60 g de beurre
> 200 g de riz rond pour risotto (arborio, carnaroli, maratelli)
> 10 cl de vin blanc
> 40 g de parmesan
> sel, poivre

1. Plongez les asperges et les fèves pendant 5 minutes dans de l'eau bouillante salée. Égouttez-les.

2. Faites dissoudre le cube de bouillon dans 75 cl d'eau bouillante. Pelez et émincez l'oignon.

3. Mettez l'huile et 30 g de beurre à chauffer dans une sauteuse et faites-y revenir l'oignon. Ajoutez le riz et laissez dorer 2 minutes en remuant. Versez le vin puis, lorsqu'il est totalement évaporé, ajoutez le bouillon frémissant louche par louche. Salez au besoin, poivrez. Laissez cuire pendant 15 minutes.

4. Ajoutez les asperges et les fèves, et poursuivez la cuisson encore 5 minutes. Incorporez le reste de beurre en petits morceaux, parsemez de copeaux de parmesan et servez.

Rôti de lotte au jus d'herbes, crème de céleri

POUR 4 PERSONNES
PRÉPARATION : 25 min
CUISSON : 30 min environ

> 400 g de céleri-rave (poids net)
> 150 g de beurre
> 10 cl de crème liquide
> 1 bouquet de cerfeuil
> 1 bouquet de coriandre
> 4 morceaux de filet de lotte de 160 g environ
> 25 cl de fumet de poisson
> 3 cuill. à soupe d'huile d'olive
> sel, poivre

1. Coupez le céleri-rave en morceaux. Faites-le cuire pendant 20 minutes dans de l'eau bouillante salée. Égouttez-le puis mettez-le dans la cuve d'un robot avec 100 g de beurre et la crème liquide. Mixez 2 minutes pour obtenir une crème onctueuse : gardez-la au chaud.

2. Lavez le cerfeuil et la coriandre, ciselez-les.

3. Ouvrez les filets de lotte en portefeuille en les tranchant dans l'épaisseur, sans les couper entièrement. Garnissez l'intérieur avec la moitié des herbes ciselées, salez, poivrez puis reconstituez les morceaux et ficelez-les en rôtis.

4. Faites réduire de moitié le fumet de poisson dans une petite casserole. Ajoutez le reste du beurre en morceaux, faites bouillir 2 minutes. Hors du feu, ajoutez le reste des herbes et mixez la sauce pour l'émulsionner.

5. Dans une poêle, mettez l'huile d'olive à chauffer et saisissez les filets de lotte pendant 1 ou 2 minutes. Baissez le feu et laissez cuire de 6 à 8 minutes en retournant régulièrement les filets.

6. Servez les rôtis de lotte avec la crème de céleri et nappés de sauce mousseuse.

Saumon en croûte

POUR 6-8 PERSONNES
PRÉPARATION : 30 min
RÉFRIGÉRATION : 30 min
CUISSON : 45 min

> 1 saumon entier de 900 g à 1 kg
> 2 œufs
> 400 g de pâte feuilletée (à acheter chez le boulanger)
> sel, poivre

1. Écaillez et videz le saumon (laissez la tête). Lavez-le soigneusement à l'intérieur.

2. Faites bouillir 2 litres d'eau. Posez le saumon sur une grille placée sur un plat creux. Versez de l'eau bouillante dessus et enlevez la peau. Retournez le saumon et recommencez l'opération. Épongez-le avec du papier absorbant. Salez et poivrez l'intérieur et l'extérieur.

3. Battez les œufs dans un bol. Étalez les deux tiers de la pâte en un rectangle de 36 x 14 cm, sur 3 mm d'épaisseur. Déposez celui-ci sur la plaque du four tapissée de papier sulfurisé. Posez le saumon dessus. Repliez chaque côté de pâte sur quelques centimètres et dorez-les à l'œuf.

4. Étalez le reste de la pâte en un rectangle de 30 x 10 cm sur 4 mm d'épaisseur. Posez-le sur le poisson et soudez les bords sur la partie dorée à l'œuf. Découpez l'excédent de pâte en suivant la forme du saumon. Avec la pointe d'un couteau, dessinez la tête, la queue et les écailles, puis dorez la pâte à l'œuf battu. Mettez la plaque au réfrigérateur pendant 30 minutes.

5. Préchauffez le four à 180 °C (therm. 6). Dorez une nouvelle fois la pâte et enfournez pour 45 minutes.

6. Sortez la plaque du four et laissez reposer 10 minutes. Servez bien chaud.

Turbot poché hollandaise

POUR 4 PERSONNES
PRÉPARATION : 20 min
CUISSON : 30 min environ

> 4 morceaux de turbot avec la peau
> quelques brins de persil frisé

Pour le court-bouillon au lait

> 1 oignon
> 1 gousse d'ail
> 1 carotte
> 1 bouquet garni
> 12 à 14 g de gros sel
> 1 litre de lait
> poivre

Pour la sauce hollandaise

> 250 g de beurre
> 1 cuill. à soupe de vinaigre de vin
> 1 cuill. à café de poivre mignonnette (poivre concassé)
> 4 jaunes d'œufs
> le jus de 1/2 citron
> 1 pincée de sel

1. Préparez le court-bouillon au lait. Pelez l'oignon et l'ail. Épluchez la carotte et coupez-la en rondelles. Mettez les légumes et le bouquet garni dans une casserole. Ajoutez 1 litre d'eau, le sel et le lait ; poivrez. Portez à ébullition et faites cuire 15 minutes à petits frémissements. Écumez en cours de cuisson. Laissez refroidir.

2. Plongez les morceaux de turbot dans le court-bouillon froid. Portez à la limite de l'ébullition et faites-les cuire à petits frémissements pendant 15 minutes.

3. Préparez la sauce hollandaise. Chauffez de l'eau dans une casserole pour un bain-marie. Dans une casserole plus petite, chauffez le vinaigre avec la mignonnette. Faites bouillir quelques instants pour diminuer le volume. Ajoutez les jaunes d'œufs et 1 cuillerée à soupe d'eau froide en fouettant doucement. Mettez la casserole au bain-marie sans cesser de fouetter. Lorsque le mélange commence à épaissir, ajoutez le beurre par petites quantités, en continuant de fouetter. Arrosez d'un filet de jus de citron et gardez au chaud.

4. Sortez délicatement les morceaux de turbot du court-bouillon. Retirez leur peau et disposez-les dans un plat. Entourez-les de pluches de persil. Servez avec la sauce hollandaise à part.

Paella

POUR 8 PERSONNES
PRÉPARATION : 50 min
CUISSON : 40 min

> 350 g de praires
> 350 g de coques
> 16 moules
> 400 g de calmars
> 2 oignons
> 2 poivrons
> 6 tomates
> 2 gousses d'ail
> 250 g de haricots verts
> 25 cl d'huile d'olive
> 16 langoustines
> 8 morceaux de poulet
> 1 dose de safran
> 250 g de petits pois frais ou surgelés
> 400 g de riz long
> 1 pincée de piment de Cayenne
> sel, poivre

1. Lavez et brossez les praires, les coques et les moules. Lavez les calmars et détaillez-les en lanières.

2. Pelez et hachez les oignons. Coupez les poivrons en deux, ôtez les pépins et les membranes blanches, puis détaillez chaque moitié en lanières. Coupez les tomates en petits cubes. Pelez et écrasez l'ail. Coupez les haricots verts en tronçons.

3. Dans une paellera (ou un faitout plat), mettez à chauffer l'huile d'olive et faites-y dorer les langoustines. Réservez-les.

4. Dans le même récipient, faites revenir les morceaux de poulet. Ajoutez les calmars puis les oignons, les poivrons et les tomates. Saupoudrez de safran, ajoutez l'ail écrasé, les haricots verts et les petits pois. Faites cuire environ 15 minutes à feu doux.

5. Préchauffez le four à 220 °C (therm. 7-8). Mesurez le volume du riz et faites bouillir une quantité d'eau égale à deux fois ce volume.

6. Ajoutez le riz dans le ragoût, mélangez puis mettez les praires, les coques et les moules. Versez l'eau bouillante, salez et pimentez. Portez à ébullition, couvrez et faites cuire au four pendant 25 minutes.

7. Retirez le plat du four et posez les langoustines sur la paella. Laissez reposer 10 minutes avant de servir.

Risotto à la marinara

POUR 4-6 PERSONNES
PRÉPARATION : 20 min
CUISSON : 25 min environ

> 8 filets de rouget de 100 g chacun, avec la peau mais écaillés
> 16 gambas crues
> 300 g de palourdes
> 2 cuill. à soupe de vin blanc sec
> 4 cuill. à soupe d'huile d'olive
> 2 échalotes
> 1 gousse d'ail
> 100 g de pulpe de tomate en dés
> 200 g de riz rond pour risotto (carnaroli ou arborio)
> 60 cl de fumet de poisson (frais ou préparé avec une base de produit déshydraté)
> sel, poivre

1. Rincez les filets de rouget et les gambas puis épongez-les. Rincez les palourdes.

2. Chauffez le vin dans une casserole, ajoutez les palourdes, couvrez et faites ouvrir les coquilles à feu vif en secouant le récipient. Gardez-les au chaud au bain-marie. Filtrez le jus de cuisson et réservez.

3. Chauffez l'huile dans une sauteuse et faites revenir les filets de rouget à feu moyen pendant 3 minutes, côté peau au-dessus. Puis gardez-les au chaud au bain-marie sous une feuille d'aluminium.

4. Faites revenir les gambas à feu vif dans la même sauteuse, pendant 2 minutes de chaque côté. Décortiquez-les et maintenez-les au chaud avec les filets de rouget.

5. Pelez et émincez les échalotes et l'ail. Faites-les revenir dans la sauteuse puis ajoutez les dés de tomate et poursuivez la cuisson pendant 2 minutes. Versez le riz dans la sauteuse et mélangez. Quand les grains sont transparents, mouillez avec le fumet et le jus de cuisson des palourdes, remuez, puis couvrez et faites cuire doucement de 15 à 20 minutes, jusqu'à ce que le liquide soit absorbé.

6. Décoquillez les palourdes, mélangez-les au riz puis posez les filets de rouget et les gambas. Retirez du feu et laissez reposer 2 minutes avant de servir.

Parmentiers de crabe au carvi

POUR 4 PERSONNES
PRÉPARATION : 20 min
CUISSON : 35 min environ

- > 400 g de pommes de terre
- > 15 cl de lait
- > 40 g de beurre
- > 1 cuill. à soupe de crème fraîche épaisse
- > 1 cuill. à soupe de graines de carvi
- > 1 gros bouquet d'herbes fraîches (cerfeuil, ciboulette, estragon, persil)
- > 300 g de chair de crabe
- > 3 cuill. à soupe d'huile d'olive
- > 20 g de chapelure
- > vinaigre balsamique et huile d'olive pour assaisonner les herbes
- > sel, poivre

1. Épluchez et lavez les pommes de terre, coupez-les en morceaux. Faites-les cuire 20 minutes à l'eau bouillante salée. Égouttez-les et passez-les au presse-purée.

2. Chauffez le lait dans une casserole avec 30 g de beurre, puis versez le tout sur la chair de pomme de terre. Ajoutez la crème fraîche, les graines de carvi, du sel et du poivre. Mélangez pour obtenir une purée onctueuse mais légèrement épaisse.

3. Lavez et hachez les herbes. Émiettez la chair de crabe. Faites-la saisir dans une poêle avec l'huile d'olive. Hors du feu, ajoutez la moitié des herbes, assaisonnez.

4. Préchauffez le four à 180 °C (therm. 6). Déposez quatre emporte-pièces sur la plaque du four recouverte de papier sulfurisé. Enduisez-les de beurre et remplissez-les avec les trois quarts de purée. Répartissez ensuite la chair de crabe puis recouvrez-la de purée restante. Saupoudrez de chapelure et déposez quelques noisettes de beurre. Faites gratiner de 10 à 15 minutes.

5. Assaisonnez le reste des herbes avec l'huile d'olive et le vinaigre balsamique. Déposez les parmentiers sur des assiettes et retirez délicatement les cercles. Posez un peu de salade d'herbes dessus et dégustez.

Bœuf Stroganov

POUR 4-6 PERSONNES
PRÉPARATION : 15 min
MARINADE : 12 h
CUISSON : 15 min environ

- > 800 g de filet de bœuf
- > 4 oignons
- > 3 échalotes
- > 1 grosse carotte
- > 1 feuille de laurier
- > 1 brin de thym
- > 75 cl de vin blanc
- > 200 g de champignons de Paris
- > 80 g de beurre
- > 1 verre à liqueur de cognac
- > 15 cl de crème fraîche épaisse
- > sel, poivre

1. Coupez le filet de bœuf en lamelles de 2,5 cm de long : salez et poivrez.

2. Pelez et hachez les oignons et les échalotes. Épluchez la carotte et coupez-la en petits dés. Mettez ces légumes dans une terrine. Ajoutez les lamelles de viande, le laurier et le thym émiettés. Versez le vin blanc. Laissez mariner 12 heures au frais, à couvert, en remuant la viande de temps en temps.

3. Égouttez et épongez la viande. Faites réduire la marinade de moitié et passez-la.

4. Nettoyez les champignons et coupez-les en lamelles. Faites-les dorer dans une sauteuse avec 30 g de beurre, puis égouttez-les et gardez-les au chaud.

5. Jetez la graisse, essuyez la sauteuse. Mettez-y à chauffer 50 g de beurre, ajoutez la viande et faites-la sauter 5 minutes à feu vif, en la retournant sans arrêt pour qu'elle ne brûle pas.

6. Chauffez le cognac, versez-le dans la sauteuse et flambez. Mélangez puis sortez la viande avec une écumoire et disposez-la dans le plat de service. Gardez au chaud.

7. Mettez les champignons dans la sauteuse, ajoutez la marinade et la crème fraîche. Remuez à feu vif pour faire épaissir la sauce, rectifiez l'assaisonnement et nappez la viande. Servez très chaud.

Filet de bœuf en croûte

POUR 6 PERSONNES
PRÉPARATION : 15 min
REPOS : 10 min
CUISSON : 30 min environ

> 1 kg de filet de bœuf
> 1 cuill. à soupe d'huile d'olive
> 1 pâte feuilletée préétalée
> 1 jaune d'œuf
> sel, poivre

1. Faites dorer le filet de bœuf sur toutes ses faces dans une sauteuse avec l'huile d'olive pendant 3 ou 4 minutes ; salez et poivrez. Ôtez la sauteuse du feu et laissez la viande reposer pendant 10 minutes.

2. Préchauffez le four à 210 °C (therm. 7).

3. Déroulez la pâte feuilletée, placez le filet de bœuf au centre. Rabattez les bords sur le dessus de façon à envelopper le filet et soudez-les en humectant la pâte avec un peu d'eau.

4. Battez le jaune d'œuf et badigeonnez-en toute la pâte au pinceau. Déposez le filet sur une plaque de cuisson et enfournez pour 25 minutes.

5. Laissez reposer le rôti dans le four éteint, la porte ouverte, pendant 5 minutes. Découpez-le au couteau électrique, de préférence, ou avec un couteau-scie, et disposez les tranches sur un plat de service préalablement chauffé.

> **Conseil.** Accompagnez le filet de bœuf de pommes de terre sautées et d'une salade verte.

Grenadins de veau aux trompettes

POUR 4 PERSONNES

RÉHYDRATATION DES TROMPETTES : 1 h

PRÉPARATION : 20 min

CUISSON : 25 min environ

> 120 g de trompettes-de-la-mort séchées
> 400 g de petits pois frais (poids net)
> 20 cl de jus de veau tout prêt
> 8 grenadins de veau de 80 g chacun
> 3 cuill. à soupe d'huile végétale
> 2 branches de thym frais
> 40 g de beurre
> sel, poivre

1. Faites réhydrater les trompettes-de-la-mort pendant 1 heure dans un bol avec 50 cl d'eau froide.

2. Faites cuire les petits pois pendant 5 minutes dans de l'eau bouillante salée. Égouttez-les et passez-les sous l'eau froide.

3. Versez le jus de veau dans une casserole, ajoutez 10 cl d'eau de réhydratation des trompettes et faites réduire de moitié à feu moyen. Salez, poivrez, puis ajoutez les trompettes égouttées. Gardez cette sauce au chaud sans la faire bouillir.

4. Ficelez les morceaux de veau pour qu'ils restent bien ronds à la cuisson. Assaisonnez-les. Faites-les saisir des deux côtés dans une poêle chaude avec l'huile pendant 1 ou 2 minutes. Baissez le feu et laissez cuire 5 ou 6 minutes de chaque côté. Retirez les morceaux de la poêle, enveloppez-les dans une feuille d'aluminium : laissez reposer 10 minutes.

5. Dégraissez la poêle. Versez la sauce dans la poêle, ajoutez le thym effeuillé. Portez à ébullition puis ajoutez le beurre en petits morceaux tout en fouettant. Au dernier moment, réchauffez les petits pois dans la sauce et servez aussitôt avec les grenadins de veau.

Sauté de veau Marengo

POUR 6 PERSONNES
PRÉPARATION : 30 min
CUISSON : 1 h environ

- 5 grosses tomates pelées
- 2 oignons
- 1 gousse d'ail
- 1,5 kg d'épaule de veau
- 90 g de beurre
- 2 cuill. à soupe d'huile
- 1 cuill. à soupe de farine
- 20 cl de vin blanc
- 1 bouquet garni
- 24 petits oignons
- 1,5 cuill. à café de sucre
- 150 g de champignons de Paris
- 150 g de croûtons
- 1 cuill. à soupe de persil ciselé
- sel, poivre

1. Coupez les tomates en morceaux. Pelez et hachez les oignons, pelez et écrasez l'ail. Coupez l'épaule de veau en morceaux de 80 g environ, salez et poivrez.

2. Dans une cocotte, faites chauffer 30 g de beurre, l'huile et mettez-y à dorer la viande. Ajoutez les oignons et faites-les aussi rissoler. Saupoudrez de farine, mélangez et faites cuire 3 minutes.

3. Versez le vin en grattant le fond de la cocotte. Ajoutez les tomates, le bouquet garni et l'ail, salez et poivrez. Versez 30 cl d'eau chaude, portez à ébullition; laissez mijoter 45 minutes à couvert.

4. Plongez les petits oignons épluchés dans de l'eau bouillante 1 minute, puis égouttez-les. Dans une casserole, faites fondre 40 g de beurre, versez les oignons, couvrez d'eau juste à hauteur, ajoutez le sucre et du sel. Faites cuire doucement de 10 à 15 minutes. Roulez bien les oignons dans ce liquide sirupeux. Ôtez du feu quand les oignons sont dorés et brillants.

5. Coupez les champignons en lamelles et faites-les sauter dans 20 g de beurre. Ajoutez-les dans la cocotte 5 minutes avant la fin de la cuisson de la viande.

6. Mettez le sauté de veau dans un plat et parsemez de persil. Décorez avec les oignons glacés et les petits croûtons.

Fricassée de ris de veau aux asperges et aux morilles

POUR 4 PERSONNES
TREMPAGE : 2 h
PRÉPARATION : 35 min
CUISSON : 30 min

> 30 g de morilles séchées
> 900 g de ris de veau
> 1 botte d'asperges vertes (20 asperges)
> 4 cuill. à soupe de farine
> 80 g de beurre
> 1 cuill. à soupe d'huile de tournesol
> 50 cl de crème liquide
> sel, poivre

1. Faites tremper les morilles dans de l'eau tiède. Laissez dégorger les ris de veau dans de l'eau froide pendant 2 heures.

2. Plongez les ris de veau 10 minutes dans de l'eau bouillante, égouttez-les. Détaillez-les en petites escalopes. Réservez au frais.

3. Épluchez les asperges, coupez-les à 10 cm des pointes. Faites-les cuire de 6 à 8 minutes à l'eau bouillante salée. Égouttez-les et passez-les sous l'eau froide.

4. Préchauffez le four à 60 °C (therm. 1). Farinez les ris de veau. Dans une grande poêle, mettez à fondre le beurre avec l'huile. Saisissez les ris de veau, salez, poivrez et laissez cuire 10 minutes à feu doux. Retournez-les et laissez-les dorer de 5 à 10 minutes en les arrosant avec le beurre de cuisson. Réservez-les au four tiède.

5. Égouttez les morilles en filtrant l'eau. Reprenez la poêle et faites revenir les asperges et les morilles 5 minutes dans le beurre encore chaud. Réservez-les avec les ris de veau.

6. Dans la poêle, laissez réduire de moitié l'eau de trempage des morilles, ajoutez la crème et faites réduire d'un tiers. Salez et poivrez. Servez les ris de veau, les asperges et les morilles nappés de sauce.

Souris d'agneau confites, frites de patate douce

POUR 4 PERSONNES
PRÉPARATION : 30 min
CUISSON : 1 h 45

> 1 oignon
> 4 souris d'agneau
> 3 cuill. à soupe d'huile d'olive
> 1 cuill. à soupe de cannelle en poudre + 2 pincées
> 3 cuill. à soupe de miel liquide
> 600 g de patates douces à chair orangée
> 15 cl d'huile de tournesol
> sel, poivre

1. Pelez et émincez l'oignon.

2. Ficelez les souris d'agneau en les serrant bien. Dans une grande cocotte, mettez à chauffer l'huile d'olive et saisissez les souris d'agneau avec l'oignon pendant 2 ou 3 minutes. Saupoudrez-les avec 1 cuillerée à soupe de cannelle puis ajoutez le miel, du sel et du poivre. Laissez-les légèrement caraméliser.

3. Préchauffez le four à 170 °C (therm. 5-6).

4. Versez 50 cl d'eau dans la cocotte. Couvrez-la et enfournez-la pour 1 h 30. Faites cuire en retournant les souris et en les arrosant toutes les 15 minutes.

5. Épluchez les patates douces et détaillez-les en forme de grosses frites. Faites-les cuire 5 minutes dans de l'eau bouillante salée. Rafraîchissez-les sous l'eau froide, égouttez-les.

6. Au moment de servir, mettez l'huile de tournesol à chauffer dans une poêle et faites-y frire les patates douces 4 ou 5 minutes. Égouttez-les sur du papier absorbant, salez-les, poivrez-les, puis saupoudrez-les de 2 pincées de cannelle. Servez aussitôt avec les souris d'agneau confites et un peu de jus de cuisson.

Navarin d'agneau

POUR 4-6 PERSONNES
PRÉPARATION : 25 min
CUISSON : 1 h environ

> 2 tomates
> 2 gousses d'ail
> 2 cuill. à soupe d'huile d'arachide
> 600 g d'épaule d'agneau en morceaux
> 600 g de collier d'agneau en tranches
> 1 cuill. à soupe de farine
> 1 bouquet garni
> 2 bottes de carottes nouvelles
> 200 g de navets nouveaux
> 1 botte de petits oignons blancs
> 300 g de haricots verts
> 300 g de petits pois frais
> 25 g de beurre
> sel, poivre, muscade

1. Plongez les tomates 20 secondes dans de l'eau bouillante, puis rafraîchissez-les à l'eau froide. Pelez-les, épépinez-les et concassez-les. Pelez et hachez l'ail.

2. Faites chauffer l'huile dans une grande cocotte et dorez les morceaux d'agneau. Égouttez-les sur du papier absorbant et jetez la graisse.

3. Remettez la viande dans la cocotte, poudrez de farine et faites cuire 3 minutes en remuant. Salez, poivrez et râpez de la muscade. Ajoutez tomates, ail et bouquet garni et un peu d'eau à hauteur. Dès l'ébullition, couvrez et laissez mijoter 35 minutes.

4. Grattez les carottes et les navets, épluchez les oignons, effilez les haricots verts, écossez les petits pois. Mettez le beurre à fondre dans une sauteuse et faites-y juste dorer carottes, oignons et navets. Faites cuire les haricots verts à la vapeur.

5. Mettez dans la cocotte les carottes, les navets, les oignons et les petits pois. Poursuivez doucement la cuisson, à couvert, pendant 20 à 25 minutes. Ajoutez les haricots verts 5 minutes avant de servir et mélangez délicatement. Servez très chaud.

STAUB
STAUB

Gigot d'agneau rôti au beurre de sauge

POUR 4 PERSONNES
PRÉPARATION : 20 min
CUISSON : 45 min
REPOS : 15 min

> 12 feuilles de sauge
> 80 g de cerneaux de noix
> 100 g de beurre demi-sel
> 800 g de gigot d'agneau désossé non ficelé
> 1 cuill. à café de fleur de sel
> poivre

1. Préchauffez le four à 180 °C (therm. 6).

2. Hachez les feuilles de sauge et les cerneaux de noix. Dans un bol, mélangez-les avec le beurre ramolli ; poivrez.

3. Garnissez l'intérieur du gigot avec la moitié de ce beurre de sauge. Ficelez la viande, déposez-la dans un plat allant au four et badigeonnez-la avec le reste du beurre de sauge. Enfournez pour 40 à 45 minutes : durant la cuisson, arrosez régulièrement le gigot avec le beurre de cuisson.

4. Sortez le gigot du four, enveloppez-le dans une feuille d'aluminium et laissez-le reposer 15 minutes. Au moment de servir, tranchez le gigot et parsemez-le de fleur de sel.

> **Variante.** Vous pouvez ajouter 8 pommes de terre brossées et coupées en morceaux autour du gigot avant de le mettre à cuire. Remplacez le gigot par une épaule d'agneau désossée. Dans ce cas, réduisez le temps de cuisson de 10 minutes.

Pavés d'autruche aux noix, sauce au roquefort

POUR 4 PERSONNES

DÉCONGÉLATION : 1 jour (pour les pavés surgelés)

PRÉPARATION : 15 min

CUISSON : 10 min

> 4 pavés d'autruche, frais ou surgelés
> 200 g de cerneaux de noix
> 200 g de roquefort
> 100 g de roquette
> 6 cuill. à soupe d'huile de noix
> 1 cuill. à soupe de vinaigre de xérès
> 4 cuill. à soupe d'huile d'arachide
> sel, poivre

1. Si vous utilisez des pavés d'autruche surgelés, mettez-les à décongeler la veille.

2. Concassez grossièrement les cerneaux de noix. Taillez le roquefort en fines tranches. Lavez et détaillez les feuilles de roquette.

3. Émulsionnez l'huile de noix avec le vinaigre de xérès. Salez, poivrez et mélangez.

4. Faites chauffer l'huile d'arachide dans une poêle. Saisissez-y les pavés d'autruche salés et poivrés pendant 5 minutes de chaque côté.

5. Dressez la roquette au fond d'un grand plat, disposez dessus les pavés d'autruche bien chauds. Mélangez la vinaigrette à l'huile de noix avec le jus de cuisson de la poêle. Répartissez les tranches de roquefort sur les pavés d'autruche, nappez avec la sauce et saupoudrez de noix hachées. Servez aussitôt.

> **Conseil.** Accompagnez ces pavés de pommes de terre sautées.

Coq au vin

POUR 4-6 PERSONNES
PRÉPARATION : 30 min
CUISSON : 1 h 30 environ

> 24 petits oignons blancs
> 2 gousses d'ail
> 200 g de lardons
> 1 cuill. à soupe d'huile
> 80 g de beurre
> 1 coq ou 1 gros poulet fermier de 2,5 kg en morceaux
> 1 verre à liqueur de cognac
> 1 litre de vin rouge
> 1 bouquet garni
> 200 g de champignons de Paris
> 1 cuill. à soupe de farine
> sel, poivre

1. Pelez les oignons et l'ail, écrasez l'ail.

2. Plongez les lardons dans de l'eau froide, portez à ébullition et faites cuire 2 minutes, puis égouttez-les.

3. Chauffez 1 cuillerée à soupe d'huile et 40 g de beurre dans une cocotte. Faites-y dorer les lardons et les oignons. Égouttez-les. Remplacez par les morceaux de coq (ou de poulet). Retournez ceux-ci plusieurs fois jusqu'à ce qu'ils soient légèrement dorés. Égouttez-les et jetez la graisse de la cocotte. Remettez-y oignons, lardons et coq.

4. Chauffez le cognac, versez-le dans la cocotte et flambez. Ajoutez le vin rouge, le bouquet garni et l'ail. Portez lentement à ébullition, couvrez et laissez mijoter de 40 à 50 minutes.

5. Nettoyez les champignons de Paris et coupez-les finement. Faites-les sauter dans 20 g de beurre et ajoutez-les dans la cocotte : poursuivez la cuisson pendant 20 minutes.

6. Dans une assiette, mélangez à la fourchette la farine avec le reste du beurre jusqu'à ce que celui-ci l'ait toute absorbée. Délayez ce mélange, dans un bol, avec un peu de sauce chaude, puis versez peu à peu dans la cocotte en remuant. Faites cuire encore 5 minutes. Servez aussitôt.

Canard à l'orange

POUR 4-6 PERSONNES
PRÉPARATION : 35 min
CUISSON : 1 h 15 environ

- > 6 oranges
- > 200 g de kumquats
- > 70 g de beurre
- > 1 canard de 2 kg
- > 15 cl de liqueur d'orange
- > 1 cuill. à soupe de vinaigre
- > 15 cl de fond de veau
- > 10 g de farine
- > sel, poivre

1. Détaillez le zeste de 2 oranges en fins bâtonnets. Plongez-les 5 minutes dans de l'eau bouillante, égouttez-les. Pelez les 4 autres oranges, coupez-les en tranches. Coupez les kumquats en rondelles épaisses.

2. Dans une cocotte, mettez 60 g de beurre à chauffer et faites-y dorer le canard : salez et poivrez. Couvrez, baissez le feu et laissez mijoter pendant 40 minutes en retournant le canard plusieurs fois.

3. Versez 10 cl de liqueur d'orange et laissez cuire 5 minutes. Égouttez le canard : enveloppez-le dans une feuille d'aluminium.

4. Pressez le jus des oranges zestées. Ajoutez-le dans la cocotte avec les kumquats, le vinaigre, le reste de liqueur et le fond de veau. Faites mijoter 10 minutes. Passez et dégraissez cette sauce. Mélangez le reste de beurre à la farine. Incorporez ce mélange à la sauce.

5. Chauffez les tranches d'orange dans une casserole avec 4 cuillerées de sauce. À la première ébullition, retirez les tranches. Versez le tout dans la cocotte.

6. Récupérez le jus qui s'est écoulé dans la feuille d'aluminium, mettez-le dans la cocotte, réchauffez, puis passez la sauce.

7. Versez quelques cuillerées de sauce sur le canard découpé. Parsemez de zestes et entourez de tranches d'orange. Servez.

Foie gras chaud aux agrumes

POUR 4 PERSONNES
PRÉPARATION : 10 min
CUISSON : 15 min environ

> 1 orange
> 1 pamplemousse
> 25 g de beurre
> 3 cuill. à soupe de miel
> 5 cl de floc de Gascogne
> 10 cl de fond de volaille
> 1 foie gras cru de canard de 500 g environ
> sel, poivre

1. Coupez 4 fines tranches d'orange et de pamplemousse, puis pressez les deux fruits pour récupérer le jus.

2. Chauffez le beurre dans une poêle et faites-y dorer les tranches d'agrumes 1 minute de chaque côté, puis ajoutez 1 cuillerée à soupe de miel. Laissez légèrement caraméliser à feu doux.

3. Faites caraméliser le reste de miel dans une petite casserole. Ajoutez le jus des agrumes et le floc de Gascogne. Laissez réduire pendant 5 minutes, ajoutez le fond de volaille et faites réduire encore pour obtenir une sauce onctueuse : salez et poivrez. Gardez la sauce au chaud.

4. Lavez puis épongez le foie gras : ne le dénervez pas. Coupez-le en 4 tranches épaisses.

5. Chauffez une poêle antiadhésive. Salez et poivrez les tranches, puis déposez-les dans la poêle. Laissez-les cuire 2 minutes à feu moyen, retournez-les délicatement et faites-les cuire encore 2 minutes. Égouttez-les sur du papier absorbant.

6. Répartissez les tranches d'agrumes et de foie gras dans des assiettes, donnez quelques tours de moulin à poivre, nappez de sauce et servez aussitôt.

Magrets de canard aux pêches

POUR 4 PERSONNES
PRÉPARATION : 15 min
CUISSON : 20 min environ

> 2 magrets de canard
> 4 grosses pêches blanches
> 80 g de beurre
> 2 cuill. à soupe de sucre en poudre
> 1 cuill. à moka de fond de volaille en poudre
> 5 cl de vin blanc
> sel, poivre

1. Incisez légèrement la peau des magrets avec un petit couteau.

2. Plongez les pêches pendant 2 minutes dans de l'eau bouillante, rafraîchissez-les sous l'eau froide. Pelez-les, coupez-les en deux, retirez le noyau et recoupez chaque moitié en deux.

3. Mettez 20 g de beurre à chauffer dans une poêle et faites-y cuire les magrets côté peau pendant 5 minutes, à feu très vif. Égouttez-les, jetez la graisse, remettez-les dans la poêle : salez et poivrez. Poursuivez la cuisson à feu moyen pendant 5 minutes de chaque côté.

4. Retirez les magrets de la poêle, coupez-les en tranches et disposez-les dans un plat de service chaud.

5. Mettez 20 g de beurre à fondre dans la poêle, ajoutez le sucre et faites-y cuire les quartiers de pêche de 5 à 7 minutes en les retournant. Disposez-les dans le plat de service autour des magrets.

6. Délayez le fond de volaille dans le vin blanc, versez ce mélange dans la poêle, grattez bien les sucs de cuisson et faites réduire d'un tiers environ. Hors du feu, ajoutez le reste de beurre et versez cette sauce sur les magrets. Servez bien chaud.

Civet de lapin

POUR 4 PERSONNES
PRÉPARATION : 30 min
CUISSON : 50 min environ

- > 1 lapin fraîchement tué et non dépouillé de 1,4 kg environ
- > 10 cl de sang du lapin
- > 1/2 cuill. à soupe de vinaigre de vin
- > 1 petite carotte
- > 1 oignon moyen
- > 1 cuill. à soupe d'huile d'arachide
- > 40 g de beurre
- > 2 cuill. à soupe de farine
- > 2 cuill. à soupe de cognac
- > 1 litre de vin rouge
- > 1 bouquet garni
- > 1/2 ficelle de pain
- > 2 cuill. à soupe de persil haché
- > sel, poivre

1. Faites dépouiller et vider le lapin. Recueillez le sang et ajoutez-lui le vinaigre. Mettez au réfrigérateur avec le foie et le cœur. Découpez le lapin en 8 morceaux, salez-les et poivrez-les.

2. Épluchez la carotte et l'oignon et coupez-les en petits dés.

3. Dans une cocotte, mettez à chauffer l'huile et le beurre et faites-y saisir vivement les morceaux de lapin, puis retirez-les. Jetez la graisse de la cocotte. Mettez les dés de légumes et faites-les revenir doucement. Remettez le lapin dans la cocotte, saupoudrez de farine, mélangez bien.

4. Chauffez le cognac, versez-le sur le lapin et flambez. Versez le vin, ajoutez le bouquet garni, couvrez et faites cuire 45 minutes à petits frémissements.

5. Égouttez les morceaux de lapin et gardez-les dans le plat de service sous une feuille d'aluminium.

6. Passez la sauce et versez-en une petite louche dans le sang, délayez. Hors du feu, versez le sang dans la sauce et remuez bien. Rectifiez l'assaisonnement, réchauffez la sauce sans la faire bouillir et nappez-en les morceaux.

7. Parsemez de persil et servez avec des tranches de ficelle de pain toastées.

Direction de la publication : Isabelle Jeuge-Maynart
Direction éditoriale : Delphine Blétry
Édition : Ewa Lochet, assistée de Johana Amsilli
Direction artistique : Emmanuel Chaspoul
Informatique éditoriale : Marion Pépin, Philippe Cazabet
Mise en page : Martine Debrais
Lecture-correction : Joëlle Narjollet
Couverture : Véronique Laporte
Fabrication : Annie Botrel

Crédits photographiques : page 25 : Fabrice Besse © coll. Larousse (stylisme : Christl Exelmans) ; pages 6-7, 12-13, 45 : Guillaume Czerw © coll. Larousse (stylisme : Alexia Janny) ; pages 17-19, 27, 39, 51, 53, 57, 59 : Caroline Faccioli © coll. Larousse (stylisme : Sabine Paris) ; pages 23, 29 : Marie-José Jarry © coll. Larousse (stylisme : Bérengère Abraham) ; pages 41, 49 : Jean-François Mallet © coll. Larousse ; page 35 : Olivier Ploton © coll. Larousse (stylisme : Bérengère Abraham) ; pages 5, 33 : Olivier Ploton © coll. Larousse (stylisme : Valérie Vermeeren) ;pages 9-11, 15, 21, 31, 37, 43, 47, 55 : Pierre-Louis Viel © coll. Larousse (stylisme : Valéry Drouet).
Illustration de couverture : Véronique Laporte

ISBN : 301-0-00-001322-8

Pour les Éditions Larousse, le principe est d'utiliser des papiers composés de fibres naturelles, renouvelables, recyclables et fabriqués à partir de bois issus de forêts qui adoptent un système d'aménagement durable. En outre, les Éditions Larousse attendent de leurs fournisseurs de papier qu'ils s'inscrivent dans une démarche de certification environnementale reconnue.

Photogravure Nord Compo, Villeneuve-d'Ascq
Imprimé en Chine par Leo Paper Products
Dépôt légal : octobre 2011
306770/01 – 11014383 – avril 2011

VITE FAIT, VITE PRÊT

LAROUSSE

21 rue du Montparnasse 75283 Paris Cedex 06

SOMMAIRE

Salade de fusillis aux légumes d'été

POUR 4 PERSONNES
PRÉPARATION : 15 min
CUISSON : 6-12 min

> 250 g de fusillis (ou d'autres pâtes courtes, par exemple des papillons)
> 6 cuill. à soupe d'huile d'olive
> 4 tomates bien mûres mais fermes
> 1 avocat
> le jus de 1 citron
> 1 petite gousse d'ail
> 1 oignon nouveau
> 60 g de cœur de romaine

1. Faites cuire les fusillis dans un grand volume d'eau bouillante salée pendant 6 à 12 minutes, en les conservant juste fermes. Égouttez-les et mettez-les dans un saladier. Ajoutez l'huile d'olive, mélangez et laissez refroidir.

2. Plongez les tomates 20 secondes dans de l'eau bouillante, puis rafraîchissez-les sous l'eau froide. Pelez-les et coupez-les en dés en éliminant les pépins.

3. Coupez l'avocat en deux, retirez le noyau. Pelez-le, coupez la chair en lamelles ; arrosez avec le jus de citron. Pelez et hachez l'ail et l'oignon. Lavez la salade, essorez-la et coupez-la en lanières.

4. Lorsque les pâtes sont refroidies, ajoutez tous les autres ingrédients et mélangez bien.

> **Conseil.** En été, servez cette salade en accompagnement d'une viande froide. Elle peut aussi constituer une entrée.

Salade de lentilles et de carottes

POUR 4 PERSONNES
PRÉPARATION : 15 min
CUISSON : 4 min

> 2 carottes
> quelques feuilles de salade verte (laitue, batavia)
> 4 œufs de caille
> 200 g de lentilles vertes cuites (tièdes)
> 20 cerneaux de noix
> quelques brins de persil

Pour la vinaigrette

> 1 cuill. à soupe de vinaigre de vin
> 2 cuill. à café de moutarde
> 1 cuill. à soupe d'huile de noix
> 2 cuill. à soupe d'huile d'arachide
> sel, poivre

1. Pelez et lavez les carottes, râpez-les sur une râpe à gros trous. Lavez les feuilles de salade et essorez-les.

2. Faites durcir les œufs de caille pendant 4 minutes dans de l'eau bouillante, puis écalez-les. Coupez-les en deux.

3. Préparez la vinaigrette. Versez le vinaigre dans un saladier ; salez et poivrez. Délayez avec la moutarde et émulsionnez avec les deux huiles.

4. Mettez dans le saladier les lentilles, les carottes, les œufs de caille et les feuilles de salade ciselées. Parsemez de noix et de persil, mélangez et servez aussitôt.

> **Conseil.** Pour faire de cette salade un plat unique, accompagnez-la de tranches de jambon blanc ou fumé, ou bien incorporez-y directement du jambon coupé en dés.

Salade de penne au jambon de Parme

POUR 4 PERSONNES
PRÉPARATION : 20 min
CUISSON : 20 min environ

> 500 g de penne
> 60 g de tomates séchées
> 1 bouquet de basilic
> 8 fines tranches de jambon de Parme
> 40 cl de coulis de tomates
> 20 olives noires
> 80 g de parmesan
> 3 cuill. à soupe d'huile d'olive
> sel, poivre

1. Faites cuire les penne de 8 à 10 minutes dans un grand volume d'eau bouillante salée. Égouttez-les, rafraîchissez-les sous l'eau froide.

2. Coupez les tomates séchées en petits morceaux. Lavez et ciselez le basilic. Taillez les tranches de jambon en lanières.

3. Faites bouillir le coulis de tomates pendant 5 minutes dans une casserole large et basse. Ajoutez les tomates séchées, les olives, du sel et du poivre. Incorporez les penne et laissez-les chauffer 4 ou 5 minutes, à feu moyen, en les enrobant bien de sauce.

4. Ajoutez le jambon au dernier moment. Répartissez les pâtes dans les assiettes, parsemez de basilic et de copeaux de parmesan. Arrosez d'huile d'olive et dégustez.

> **Variante.** Pour un assaisonnement encore plus aromatique, faites fondre 2 échalotes et 2 gousses d'ail hachées dans 1 cuillerée à soupe d'huile d'olive avant d'y ajouter le coulis.

Mousseline de courgettes

POUR 8 PERSONNES
PRÉPARATION : 15 min
CUISSON : 10 min

> 5 courgettes
> 2 gousses d'ail
> 20 g de beurre
> 15 cl de crème fraîche épaisse
> 1 cuill. à soupe de persil frais ciselé
> sel, poivre

1. Lavez les courgettes, épluchez-les et détaillez-les en rondelles. Faites-les cuire pendant 10 minutes dans une casserole d'eau bouillante salée.

2. Égouttez-les dans une passoire, puis mixez-les pour les réduire en purée. Salez et poivrez.

3. Pelez les gousses d'ail et hachez-les.

4. Dans une casserole, faites chauffer le beurre à feu doux, ajoutez l'ail, la crème fraîche et le persil. Mettez-y la purée de courgettes et mélangez. Rectifiez, si nécessaire, l'assaisonnement et servez aussitôt.

Œufs en cocotte à la crème

POUR 4 PERSONNES

PRÉPARATION : 5 min

CUISSON : 6-8 min

> 30 g de beurre
> 4 cuill. à soupe de crème fraîche
> 4 œufs
> baies roses
> quelques brins de ciboulette
> sel, poivre

1. Préchauffez le four à 220 °C (therm. 7-8). Beurrez quatre ramequins individuels et mettez 2 cuillerées à café de crème dans chacun d'eux.

2. Cassez 1 œuf dans chaque ramequin. Salez, poivrez et ajoutez quelques baies roses écrasées. Versez le reste de crème.

3. Posez les ramequins dans un plat à four à bords hauts. Versez de l'eau bouillante dans le plat jusqu'à mi-hauteur des ramequins. Faites cuire de 6 à 8 minutes. Avant de servir, parsemez de ciboulette ciselée.

> **Variante.** Vous pouvez ajouter à la crème 2 cuillerées à soupe de fromage râpé, de sauce tomate ou de jambon haché.

Omelette roulée au comté et aux fines herbes

POUR 4 PERSONNES
PRÉPARATION : 10 min
CUISSON : 5 min

> 120 g de comté
> 1 bouquet de ciboulette
> 1 petit bouquet de persil
> 1 petit bouquet de cerfeuil
> 1 petit bouquet d'estragon
> 12 œufs
> 2 cuill. à soupe d'huile végétale
> 25 g de beurre
> sel, poivre

1. Coupez le comté en dés. Lavez et ciselez la ciboulette, le persil, le cerfeuil et l'estragon.

2. Cassez les œufs dans un saladier. Salez-les, poivrez-les, puis battez-les avec une fourchette. Ajoutez les herbes ciselées et battez encore un peu.

3. Mettez l'huile et le beurre à chauffer dans une grande poêle antiadhésive. Versez-y les œufs et faites cuire 3 minutes à feu vif en remuant doucement avec une fourchette. Arrêtez de remuer, répartissez les dés de comté sur l'omelette et poursuivez la cuisson pendant 1 ou 2 minutes à feu vif. Décollez les bords de l'omelette à l'aide d'une spatule, puis roulez-la délicatement en penchant la poêle.

4. Déposez l'omelette roulée dans un plat et servez aussitôt.

> **Conseils.** Accompagnez cette omelette d'une simple salade verte. Vous pouvez aussi préparer des omelettes individuelles dans une poêle plus petite. Gardez-les au chaud dans le four entrouvert, couvertes d'une feuille d'aluminium le temps de les cuire toutes.

Gratin de chou-fleur et de brocolis

POUR 4 PERSONNES
PRÉPARATION : 10 min
CUISSON : 25 min

> 500 g de bouquets de chou-fleur
> 500 g de bouquets de brocolis
> 30 g de beurre
> 2 œufs
> 25 cl de crème liquide
> 40 g d'amandes en poudre
> 50 g d'emmental râpé
> sel, poivre

1. Plongez les bouquets de chou-fleur et de brocolis dans de l'eau bouillante salée et laissez cuire 10 minutes. Égouttez soigneusement.

2. Préchauffez le four à 210 °C (therm. 7). Beurrez un plat à gratin et disposez-y les légumes.

3. Cassez les œufs dans un bol et battez-les en omelette avec la crème et les amandes en poudre ; salez et poivrez. Versez ce mélange dans le plat, saupoudrez d'emmental et enfournez pour 15 minutes.

> **Conseil.** Ce gratin accompagne parfaitement des escalopes de dinde poêlées.

Tarte à la tomate

POUR 4 PERSONNES
PRÉPARATION : 10 min
CUISSON : 25 min

> 5 tomates
> 1 pâte feuilletée ou brisée préétalée
> 2 ou 3 cuill. à soupe de tapenade
> 80 g d'emmental ou de comté
> 1 cuill. à soupe de graines de pavot
> quelques feuilles de roquette
> sel, poivre

1. Préchauffez le four à 210 °C (therm. 7).

2. Lavez les tomates, épépinez-les et coupez-les en rondelles assez fines. Foncez de pâte un moule à tarte de 25 cm de diamètre.

3. Badigeonnez le fond de tarte de tapenade puis recouvrez-le de rondelles de tomate. Salez modérément et poivrez. Disposez des lamelles de fromage sur le dessus et saupoudrez de graines de pavot.

4. Faites cuire au four pendant 25 minutes environ. Servez la tarte garnie de feuilles de roquette.

> **Conseil.** Pour accompagner cette tarte parfumée, vous pouvez préparer une salade de brocolis, de dés de jambon, de grains de maïs et de noix.

Tarte au tofu et aux légumes

POUR 4 PERSONNES
PRÉPARATION : 10 min
CUISSON : 35 min

> 200 g de légumes surgelés (haricots verts, fèves, carottes ou petits pois)
> 3 œufs
> 5 cl de lait de soja ou de lait de vache
> 5 cuill. à soupe de crème fraîche
> 125 g de tofu
> 80 g d'emmental râpé
> 1 pâte brisée préétalée
> sel, poivre

1. Plongez les légumes surgelés dans de l'eau bouillante salée et laissez-les cuire 5 minutes. Égouttez-les.

2. Préchauffez le four à 180 °C (therm. 6).

3. Battez les œufs avec le lait et la crème, puis ajoutez le tofu émietté et l'emmental. Salez et poivrez.

4. Foncez un moule à tarte avec la pâte brisée. Répartissez les légumes, puis versez la préparation aux œufs. Enfournez pour 30 minutes.

> **Conseil.** Accompagnez cette tarte d'une salade d'endives aux noix.

> **Variante.** Pour donner à la tarte un caractère plus marqué, remplacez l'emmental par des lamelles de reblochon.

Croquettes de purée aux olives

POUR 4 PERSONNES

PRÉPARATION : 10 min

CUISSON : 10-12 min par poêlée

- > 500 g de reste de purée de pommes de terre
- > 75 g d'olives noires dénoyautées
- > 75 g d'olives vertes dénoyautées
- > 1 cuill. à soupe d'herbes de Provence
- > 50 g de farine
- > 3 œufs
- > 50 g de beurre
- > 2 cuill. à soupe d'huile de tournesol
- > sel, poivre

1. Dans un grand saladier, mélangez la purée de pommes de terre avec les olives, les herbes de Provence, la farine et les œufs entiers ; salez et poivrez.

2. Mettez le beurre et l'huile à chauffer dans une grande poêle antiadhésive. Déposez 1 grosse cuillerée à soupe de purée dans le beurre mousseux puis tassez avec le dos de la cuillère pour former une croquette d'environ 1,5 cm d'épaisseur. Façonnez d'autres croquettes. Laissez-les cuire et dorer dans le beurre chaud, 5 ou 6 minutes sur chaque face.

3. Égouttez les croquettes sur du papier absorbant. Salez et poivrez à nouveau. Dégustez les croquettes avec une salade de cœurs de laitue.

> **Conseil.** Avant de commencer la préparation des croquettes, réchauffez légèrement la purée au micro-ondes : elle sera plus facile à travailler. Vous pouvez réaliser des croquettes avec toute autre purée de légumes.

Nouilles aux noix

POUR 4 PERSONNES
PRÉPARATION : 10 min
CUISSON : 20 min environ

> 50 g de pignons de pin
> 50 g de cerneaux de noix
> 2 gousses d'ail
> 1/2 bouquet de persil plat
> 15 cl d'huile d'olive
> 400 g de nouilles fraîches
> sel, poivre

1. Faites griller les pignons à sec dans une poêle pendant 3 minutes en remuant de temps en temps. Concassez les noix grossièrement.

2. Pelez et hachez les gousses d'ail. Lavez et ciselez le persil.

3. Faites chauffer la moitié de l'huile dans une poêle et mettez-y à revenir l'ail et le persil, 3 ou 4 minutes en remuant. Ajoutez les noix et les pignons et faites-les dorer en mélangeant pendant 2 minutes.

4. Ôtez la poêle du feu et versez le reste d'huile d'olive avec 10 cl d'eau. Fouettez pour bien mélanger ; rectifiez l'assaisonnement. Gardez la sauce au chaud.

5. Faites cuire les nouilles dans un grand volume d'eau bouillante salée. Égouttez-les, versez-les dans le plat de service et mélangez-les avec la sauce. Parsemez de persil et servez aussitôt.

> **Conseil.** Accompagnez ces nouilles d'une salade de roquette.

Tagliatelles aux petits pois et au jambon

POUR 4 PERSONNES

PRÉPARATION : 10 min

CUISSON : 15 min

> 150 g de petits pois surgelés
> 1 oignon
> 2 cuill. à soupe d'huile d'olive
> 150 g de jambon de Parme [ou d'un autre jambon cru]
> 15 cl de crème liquide
> 300 g de tagliatelles fraîches
> 80 g de parmesan en copeaux
> sel, poivre

1. Faites cuire les petits pois pendant 5 minutes dans un grand volume d'eau bouillante salée, puis égouttez-les. Pelez et émincez l'oignon.

2. Mettez l'huile à chauffer dans une poêle et faites-y suer l'oignon. Ajoutez les petits pois, le jambon coupé en lanières, puis la crème ; salez et poivrez. Poursuivez la cuisson pendant 3 à 5 minutes à feu doux, en remuant.

3. Pendant ce temps, faites cuire les tagliatelles al dente dans un grand volume d'eau bouillante salée. Égouttez-les et versez-les dans un plat. Nappez-les de la sauce aux petits pois. Parsemez de copeaux de parmesan et servez aussitôt.

Tagliatelles aux pleurotes

POUR 4 PERSONNES
PRÉPARATION : 10 min
CUISSON : 20 min environ

> 300 g de tagliatelles
> 4 cuill. à soupe d'huile d'olive
> 400 g de pleurotes
> 2 gousses d'ail
> 10 feuilles d'estragon
> sel, poivre

1. Faites cuire les tagliatelles 8 minutes dans une grande quantité d'eau légèrement salée avec 1 cuillerée à soupe d'huile, puis égouttez-les.

2. Pendant ce temps, nettoyez les pleurotes et émincez-les. Pelez et hachez l'ail. Lavez et ciselez l'estragon.

3. Faites chauffer 3 cuillerées à soupe d'huile dans une grande poêle. Ajoutez l'ail et remuez à la spatule pendant 2 minutes. Ajoutez les pleurotes et faites-les sauter pendant 7 ou 8 minutes.

4. Ajoutez les tagliatelles et l'estragon ciselé. Mélangez délicatement, baissez le feu et laissez chauffer 3 minutes. Poivrez, puis répartissez dans des assiettes chaudes et servez.

> **Variantes.** Vous pouvez remplacer les pleurotes par d'autres champignons. Pour obtenir un plat complet, faites sauter les champignons avec 2 tranches de jambon détaillées en lanières.

Riz à l'indienne aux fruits secs

POUR 4 PERSONNES
PRÉPARATION : 10 min
CUISSON : 25 min environ

> 2 oignons
> 2 cuill. à soupe d'huile d'arachide
> 2 cuill. à café de curcuma en poudre
> 240 g de riz
> 40 cl de lait de coco
> 15 noix de cajou
> 7 cuill. à soupe rases d'amandes effilées ou de pistaches
> 3 cuill. à soupe rases de raisins secs
> sel, poivre

1. Pelez et émincez les oignons. Mettez l'huile à chauffer dans une grande poêle, et faites-y suer les oignons avec le curcuma. Ajoutez le riz, et faites cuire pendant 2 minutes à feu moyen en remuant.

2. Incorporez le lait de coco, versez 30 cl d'eau frémissante puis portez à ébullition. Salez, poivrez, baissez le feu et laissez mijoter de 15 à 20 minutes jusqu'à ce que le riz soit cuit (s'il attache en cours de cuisson, ajoutez un peu d'eau frémissante).

3. Pendant ce temps, faites dorer à sec les noix de cajou et les amandes dans une petite poêle antiadhésive.

4. Lorsque le riz est presque cuit, incorporez les raisins secs, et laissez mijoter encore 2 minutes. Parsemez de noix de cajou et d'amandes et servez.

> **Conseil.** Ce riz sera parfait avec des cuisses de poulet rôties.

Risotto au safran

POUR 4 PERSONNES
PRÉPARATION : 10 min
CUISSON : 20 min

> 1/4 d'oignon
> 1/2 carotte
> 2 noix de beurre
> 300 g de riz rond pour risotto (carnaroli ou arborio)
> 10 cl de vin blanc sec
> 1 litre de bouillon de volaille ou de bœuf
> quelques pistils de safran
> parmesan râpé

1. Pelez et hachez l'oignon et la carotte. Dans une sauteuse, mettez à fondre 1 grosse noix de beurre et faites-y revenir l'oignon et la carotte pendant 1 minute.

2. Ajoutez le riz et arrosez d'un demi-verre de vin blanc. Laissez encore 1 minute sur le feu, jusqu'à ce que l'alcool se soit évaporé.

3. Transvasez le contenu de la sauteuse dans un plat allant au micro-ondes. Versez-y le bouillon, couvrez et mettez au micro-ondes pendant 12 minutes à puissance maximale (850 W). Faites attention à ce que le riz n'absorbe pas tout le bouillon, sinon il serait trop sec.

4. Sortez la cocotte du micro-ondes, ajoutez le safran et finissez la cuisson dans la sauteuse à feu moyen pendant 2 minutes environ. Il faut que le bouillon se soit évaporé sans que le riz soit sec.

5. Ajoutez 1 grosse noix de beurre et servez avec du parmesan râpé à part.

Truites aux amandes

POUR 4 PERSONNES
PRÉPARATION : 15 min
CUISSON : 15 min environ

> 75 g d'amandes effilées
> 4 truites de 250 g
> 200 g de farine
> 70 g de beurre
> 1 ou 2 citrons
> 1 cuill. à soupe de persil ciselé
> 1 cuill. à soupe de vinaigre
> sel, poivre

1. Préchauffez le four à 200 °C (therm. 6-7).

2. Mettez les amandes effilées sur la plaque du four recouverte de papier sulfurisé. Quand le four est chaud, glissez-y la plaque ; retirez-la dès que les amandes sont dorées.

3. Nettoyez les truites, épongez-les et posez-les sur du papier absorbant. Saupoudrez-les, sur chaque face, de sel et de poivre. Versez la farine dans une assiette, roulez-y les truites et secouez-les légèrement pour en faire tomber l'excédent.

4. Mettez à chauffer 50 g de beurre dans une grande poêle (si possible ovale) et faites-y dorer les truites sur les deux faces. Baissez le feu et poursuivez la cuisson de 5 à 7 minutes (10 minutes si les truites sont très grosses), en retournant les poissons une fois. Ajoutez les amandes au cours de cette cuisson.

5. Sortez les truites de la poêle et disposez-les dans le plat de service. Arrosez-les de 2 cuillerées à soupe de jus de citron et parsemez-les de persil ciselé. Gardez le plat au chaud.

6. Ajoutez 20 g de beurre et le vinaigre dans la poêle, chauffez et versez sur les truites, avec les amandes. Servez avec des quartiers de citron.

Dos de cabillaud aux cœurs d'artichaut

POUR 4 PERSONNES
PRÉPARATION : 15 min
CUISSON : 15 min

> 400 g de cœurs d'artichaut surgelés
> 1 citron non traité
> 1 cuill. à soupe de persil haché
> 4 cuill. à soupe d'huile d'olive
> 4 pavés de dos de cabillaud avec la peau
> sel

1. Faites décongeler les cœurs artichaut.

2. Lavez le citron, râpez le zeste puis pressez le fruit. Mélangez le zeste avec le persil haché et réservez le jus.

3. Faites cuire les cœurs d'artichaut pendant 5 minutes dans une casserole d'eau bouillante salée. Égouttez-les.

4. Mettez à chauffer l'huile d'olive dans une poêle antiadhésive et faites-y revenir les pavés de cabillaud en laissant d'abord dorer le côté peau 3 minutes environ. Retournez-les et laissez-les cuire encore 2 minutes. Retirez le poisson et gardez-le au chaud entre deux assiettes.

5. Faites revenir les cœurs d'artichaut dans la même poêle pendant 5 minutes à feu vif. Salez et ajoutez le jus de citron.

6. Servez le poisson avec les artichauts en parsemant l'ensemble du hachis citron-persil.

> **Conseil.** Pour un plat encore plus simple à réaliser, faites cuire les cœurs d'artichaut à l'eau puis mixez-les en purée avec 1 cuillerée à soupe de crème fraîche, au lieu de les poêler.

Soles à la meunière

POUR 2 PERSONNES
PRÉPARATION : 5 min
CUISSON : 8 à 10 min

> 2 soles portions (250 à 300 g chacune)
> 1 gros citron
> 1 petit bouquet de persil plat
> 3 cuill. à soupe de farine
> 1 cuill. à soupe d'huile
> 100 g de beurre
> sel, poivre

1. Assurez-vous que la peau des soles a bien été retirée. Si vous devez le faire, pratiquez une petite incision à la base de la queue, saisissez la peau et tirez-la vers la tête. Avec des ciseaux de cuisine, coupez à ras les nageoires latérales. Lavez les poissons à l'eau froide et essuyez-les.

2. Coupez le citron en quatre. Conservez 2 quartiers et pressez les 2 autres. Lavez et ciselez le persil.

3. Étalez la farine dans une assiette, salez-la et poivrez-la. Passez dedans les soles, des deux côtés, et tapotez-les pour éliminer l'excédent de farine.

4. Dans une poêle, mettez à chauffer l'huile avec 50 g de beurre à feu moyen. Faites-y dorer les soles 4 ou 5 minutes de chaque côté.

5. Sortez délicatement les soles de la poêle à l'aide d'une écumoire et répartissez-les sur des assiettes.

6. Jetez la graisse de cuisson. Remettez la poêle à feu modéré, puis ajoutez le reste du beurre et le jus de citron. Dès que le beurre commence à mousser, versez-le sur les soles. Parsemez de persil et servez avec les quartiers de citron.

> **Conseil.** Accompagnez ces soles de petites pommes de terre cuites à l'eau.

Escalopes de saumon à l'oseille

POUR 4 PERSONNES
PRÉPARATION : 15 min
CUISSON : 10 min environ

- > 100 g d'oseille
- > 2 échalotes
- > 4 escalopes de saumon de 120 g prélevées dans la partie la plus charnue
- > 8 cl de vin blanc
- > 8 cl de fumet de poisson
- > 3 cl de vermouth
- > 30 cl de crème fraîche très épaisse
- > le jus de 1/4 de citron
- > sel, poivre

1. Lavez rapidement l'oseille et équeutez-la. Pelez et hachez les échalotes.

2. Aplatissez délicatement les escalopes de saumon entre deux feuilles de papier sulfurisé huilé. Salez-les et poivrez-les d'un seul côté.

3. Versez le vin blanc, le fumet de poisson et le vermouth dans une casserole, ajoutez les échalotes. Faites réduire jusqu'à ce qu'il ne reste presque plus de liquide.

4. Ajoutez la crème, laissez bouillir jusqu'à obtenir une consistance onctueuse et mettez l'oseille dans cette sauce. Retirez la casserole du feu au bout de 2 minutes. Salez, poivrez et ajoutez le jus de citron.

5. Pendant que la sauce réduit, faites chauffer une poêle antiadhésive. Mettez-y les escalopes de saumon sur la partie non assaisonnée. Faites-les cuire 30 secondes sur cette face et 20 secondes sur l'autre.

6. Répartissez la sauce dans quatre assiettes chaudes et disposez dessus les escalopes de saumon. Servez aussitôt.

Cabillaud étuvé à la crème

POUR 4-6 PERSONNES
PRÉPARATION : 10 min
CUISSON : 20-25 min

> 800 g de filets de cabillaud
> 2 oignons
> 30 g de beurre
> 20 cl de vin blanc
> 20 cl de crème fraîche
> sel, poivre

1. Posez les filets de cabillaud sur du papier absorbant, salez et poivrez.

2. Pelez et hachez les oignons.

3. Dans une cocotte, faites fondre le beurre, mettez les oignons et laissez cuire de 10 à 15 minutes en remuant de temps en temps. Quand les oignons sont fondus, ajoutez les filets de poisson et saisissez-les à feu vif. Retirez-les de la poêle à l'aide d'une écumoire et déposez-les dans un plat.

4. Versez le vin blanc dans la cocotte et faites réduire des trois quarts. Ajoutez la crème fraîche, mélangez bien et faites cuire à feu vif pendant 5 minutes pour faire réduire la sauce.

5. Remettez les filets de poisson dans la cocotte et laissez cuire encore 5 minutes.

> **Conseil.** Dégustez ce cabillaud avec du blé ou une purée de pommes de terre ou encore avec des champignons sautés.

Moules à la marinière

POUR 4-6 PERSONNES
PRÉPARATION : 20 min
CUISSON : 7-8 min

> 3 kg de moules
> 1 gros oignon
> 1 échalote
> 30 g de beurre
> 20 à 30 cl de vin blanc sec
> 1 brin de thym
> 1/2 feuille de laurier
> sel, poivre

1. Débarrassez les moules des restes de filaments qui y sont accrochés, en les grattant au couteau sous l'eau courante. Elles ne doivent pas tremper sinon elles s'ouvrent.

2. Pelez et hachez l'oignon et l'échalote. Faites fondre le beurre dans une casserole ajoutez l'oignon et l'échalote ; laissez-les cuire doucement pendant 1 ou 2 minutes.

3. Versez les moules puis le vin blanc. Salez et poivrez, ajoutez le thym et le laurier. Faites cuire 6 minutes à feu vif en remuant souvent et en secouant la casserole de temps en temps.

4. Lorsque les moules sont ouvertes, retirez-les de la casserole et mettez-les dans un saladier chaud. Retirez le thym et le laurier ainsi que les moules restées fermées. Versez le liquide de cuisson sur les moules, mélangez et servez.

> **Conseil.** Vous pouvez filtrer le jus avant d'en arroser les moules et lui ajouter 3 cuillerées à soupe de crème fraîche.

Crevettes sautées au cidre

POUR 4-6 PERSONNES

PRÉPARATION : 10 min

CUISSON : 5 min environ

- > 800 g de crevettes grises crues
- > 30 g de beurre
- > 1 cuill. à soupe d'huile d'arachide
- > 1 verre de cidre brut
- > 1 cuill. à soupe de gros sel de mer
- > poivre

1. Lavez rapidement les crevettes et épongez-les dans un torchon.

2. Chauffez le beurre et l'huile d'arachide dans une grande poêle. Mettez-y les crevettes, remuez-les bien, couvrez et faites cuire 3 minutes. Versez le cidre et laissez cuire encore 2 minutes.

3. Égouttez les crevettes et versez-les dans un plat. Ajoutez le gros sel, donnez 4 ou 5 tours de moulin à poivre et remuez bien. Servez tiède.

> **Variante.** Vous pouvez aussi faire sauter les crevettes sans ajouter de cidre.

Burger de bœuf

POUR 4 PERSONNES
PRÉPARATION : 15 min
CUISSON : 8-10 min

> 1 gros oignon rouge
> 4 tomates
> 500 g de viande de bœuf hachée
> 5 cl d'huile végétale
> 4 pains à burgers aux graines de sésame
> 4 cuill. à soupe de mayonnaise
> 4 cuill. à soupe de ketchup
> quelques feuilles de batavia
> 80 g de gouda en tranches
> sel, poivre

1. Pelez l'oignon et taillez-le en fines lamelles. Coupez les tomates en tranches.

2. Formez quatre steaks hachés de la taille des pains. Chauffez l'huile dans une poêle et faites-y cuire les steaks 4 ou 5 minutes de chaque côté ; salez et poivrez.

3. Tranchez les pains dans l'épaisseur. Badigeonnez la base avec la moitié de la mayonnaise et du ketchup. Déposez quelques feuilles de salade dessus, puis mettez les steaks cuits, les tranches de fromage, les oignons et les tomates. Répartissez le reste de la mayonnaise et du ketchup. Posez les « chapeaux » des pains, pressez légèrement sur le dessus. Servez aussitôt.

> **Variantes.** Agrémentez le burger selon votre goût en incorporant des herbes ou des épices à la viande hachée avant de former les steaks ou en parfumant la mayonnaise avec du curry, du poivre, du piment, etc.

Keftas de bœuf à la feta et au cumin

POUR 4 PERSONNES
PRÉPARATION : 20 min
CUISSON : 10 min

> 1 oignon rouge
> 160 g de feta
> 400 g de bœuf haché
> 2 cuill. à soupe de graines de cumin
> 1 cuill. à café de cumin en poudre
> 2 cuill. à soupe de farine
> 3 cuill. à soupe d'huile d'arachide ou de colza
> sel, poivre

1. Pelez et hachez l'oignon. Coupez la feta en petits morceaux. Dans un saladier, mélangez la viande avec l'oignon, les graines de cumin, le cumin en poudre, la feta, du sel et du poivre.

2. Formez les keftas en pressant la préparation avec vos mains autour de petites piques à brochettes. Roulez-les dans la farine.

3. Mettez l'huile à chauffer dans une poêle et faites-y cuire les keftas de 8 à 10 minutes en les retournant régulièrement.

4. Égouttez les keftas sur du papier absorbant. Servez aussitôt.

> **Variante.** Remplacez le bœuf par du veau. Dans ce cas, ajoutez 1 cuillerée à soupe de farine dans la préparation.

Côtelettes d'agneau vert-pré

POUR 4 PERSONNES
PRÉPARATION : 10 min
CUISSON : 8 min

> 40 g de beurre
> 1 cuill. à soupe de persil haché
> 1 botte de cresson
> 8 belles côtelettes d'agneau
> sel, poivre

1. Coupez le beurre en petits morceaux. Dans un saladier, travaillez-le en pommade avec une spatule. Ajoutez 1 pincée de sel, du poivre et le persil haché. Malaxez et réservez ce beurre au réfrigérateur.

2. Lavez et égouttez le cresson. Séparez-le en bouquets.

3. Salez et poivrez les côtelettes. Faites-les griller dans une poêle antiadhésive pendant 3 ou 4 minutes de chaque côté. Disposez-les sur un plat bien chaud et ajoutez sur chacune le quart du beurre composé très froid.

4. Entourez de bouquets de cresson et servez aussitôt.

> **Variante.** Vous pouvez remplacer le cresson par de la mâche.

Boudin noir à la normande

POUR 4-6 PERSONNES
PRÉPARATION : 15 min
CUISSON : 15 min environ

> 500 g de pommes
> le jus de 1 citron
> 60 g de beurre
> 700 g de boudin
> quelques brins de ciboulette
> sel, poivre

1. Épluchez les pommes, coupez-les en fines tranches et mélangez-les avec le jus de citron.

2. Dans une poêle, mettez à fondre 40 g de beurre et faites-y dorer les pommes pendant 15 minutes environ.

3. Coupez le boudin en tronçons de 10 cm environ. Piquez-les avec la pointe d'une fourchette.

4. Dans une autre poêle, mettez à chauffer le reste du beurre et faites-y rissoler le boudin, en le retournant, pendant 10 à 12 minutes. Salez et poivrez.

5. Lavez et ciselez la ciboulette.

6. Égouttez le boudin, disposez-le dans le plat de service chaud, ajoutez les pommes et parsemez de ciboulette. Servez aussitôt.

Escalopes de dinde au curry

POUR 4 PERSONNES
PRÉPARATION : 8 min
CUISSON : 15 min environ

> 4 escalopes de dinde
> 4 échalotes
> 50 g de beurre
> 25 cl de crème liquide
> 1 cuill. à soupe de curry doux
> piment de Cayenne
> sel, poivre

1. Salez et poivrez les escalopes. Pelez et hachez les échalotes.

2. Mettez le beurre à chauffer dans une poêle et faites-y cuire les escalopes 5 minutes de chaque côté. Déposez-les ensuite sur le plat de service et gardez-les au chaud.

3. Faites cuire doucement les échalotes dans la même poêle. Quand elles sont bien fondues, versez la crème et mélangez en grattant avec une spatule. Ajoutez le curry, 1 pointe de piment de Cayenne, salez et poivrez. Laissez cuire en remuant pendant 4 ou 5 minutes, jusqu'à ce que la sauce soit bien onctueuse.

4. Ajoutez le jus rendu par les escalopes. Goûtez et rectifiez l'assaisonnement. Nappez de sauce les escalopes et servez.

> **Conseil.** La garniture classique des plats au curry est le riz à la créole. Vous pouvez lui ajouter des raisins secs ou des noix de cajou.

Cailles aux raisins

POUR 4 PERSONNES
PRÉPARATION : 10 min
CUISSON : 25 min

> 4 cailles
> 60 g de beurre
> 15 cl de vin blanc
> 2 cuill. à soupe de jus de citron
> 20 à 25 gros grains de raisin
> 1 cuill. à soupe d'amandes effilées
> sel, poivre

1. Salez et poivrez les cailles à l'intérieur et ficelez-les.

2. Faites chauffer le beurre dans une cocotte, mettez-y les cailles et laissez-les dorer sur tous les côtés. Ajoutez le vin blanc et le jus de citron. Baissez le feu, couvrez et faites mijoter 15 minutes.

3. Lavez et épongez les grains de raisin, pelez-les et épépinez-les. Ajoutez-les dans la cocotte avec les amandes. Remuez et prolongez la cuisson de 10 minutes. Servez aussitôt.

> **Conseil.** Accompagnez les cailles de blé nature ou de patates douces rissolées.

Direction de la publication : Isabelle Jeuge-Maynart
Direction éditoriale : Delphine Blétry
Édition : Ewa Lochet
Direction artistique : Emmanuel Chaspoul
Informatique éditoriale : Marion Pépin, Philippe Cazabet
Mise en page : Martine Debrais
Lecture-correction : Joëlle Narjollet
Couverture : Véronique Laporte
Fabrication : Annie Botrel

Crédits photographiques : pages 6-7, 20-21, 29, 40-43, 55 : Guillaume Czerw © coll. Larousse (stylisme : Alexia Janny) ; pages 12-13, 16-19, 26-27, 35, 59 : Caroline Faccioli © coll. Larousse (stylisme : Sabine Paris) ; page 37 : Valéry Guedes © coll. Larousse (stylisme : Noëmie André) ; pages 22-23 : Jean-François Mallet © coll. Larousse ; pages 11, 32-33 : Olivier Ploton © coll. Larousse (stylisme : Bérengère Abraham) ; pages 4-5, 24-25, 30-31, 46-47, 52-53 : Olivier Ploton © coll. Larousse (stylisme : Valérie Vermeeren) ; pages 39, 45, 57 : Amélie Roche© coll. Larousse (stylisme : Alexia Janny) ; pages 9, 15, 49, 51 : Pierre-Louis Viel © coll. Larousse (stylisme : Valéry Drouet).
Illustration de couverture : Véronique Laporte

ISBN : 301-0-00-001321-1

Pour les Éditions Larousse, le principe est d'utiliser des papiers composés de fibres naturelles, renouvelables, recyclables et fabriqués à partir de bois issus de forêts qui adoptent un système d'aménagement durable. En outre, les Éditions Larousse attendent de leurs fournisseurs de papier qu'ils s'inscrivent dans une démarche de certification environnementale reconnue.

Photogravure Nord Compo, Villeneuve-d'Ascq
Imprimé en Chine par Leo Paper Products
Dépôt légal : octobre 2011
306770/01 – 11014383 – avril 2011

Saveurs d'ailleurs

LAROUSSE

21 rue du Montparnasse 75283 Paris Cedex 06

SOMMAIRE

Cabillaud à l'indienne

POUR 4-6 PERSONNES
PRÉPARATION : 15 min
CUISSON : 45 min

> 2 filets de cabillaud de 400 à 500 g
> 1 oignon rouge
> 2 gros oignons jaunes
> 5 tomates
> 2 gousses d'ail
> 1 petit bouquet de persil
> 6 cuill. à soupe d'huile d'arachide
> 1 grosse cuill. à soupe de curry en poudre
> 20 cl de vin blanc sec
> 3 ou 4 brins de coriandre
> sel, poivre

1. Salez et poivrez les filets de cabillaud.

2. Pelez et hachez les oignons. Plongez les tomates pendant 20 secondes dans de l'eau bouillante. Pelez-les et coupez-les en morceaux. Pelez et hachez l'ail. Ciselez le persil.

3. Mettez à chauffer 4 cuillerées à soupe d'huile dans une cocotte, faites-y revenir les oignons et les tomates pendant quelques minutes à feu vif, puis couvrez et laissez fondre pendant 20 minutes.

4. Salez, poivrez, ajoutez l'ail et le persil, et poursuivez la cuisson encore 10 minutes.

5. Préchauffez le four à 220 °C (therm. 7-8).

6. Posez le cabillaud dans la cocotte, sur les légumes, saupoudrez-le de curry, arrosez de 2 cuillerées à soupe d'huile et du vin blanc. Faites partir l'ébullition sur le feu, puis enfournez la cocotte pour 15 minutes en arrosant le poisson trois ou quatre fois avec le jus de cuisson. Servez bien chaud, après avoir parsemé de feuilles de coriandre.

> **Conseil.** Vous pouvez accompagner ce plat de riz basmati ou thaï.

Brochettes de poisson tikka

POUR 4 PERSONNES
PRÉPARATION : 30 min
MARINADE : 4 h
CUISSON : 10 min

> 600 g de filet de cabillaud ou de perche
> 1 oignon rouge
> 80 g de concombre
> 1/4 de bouquet de coriandre
> 1 yaourt nature (soit 125 g)
> 1 citron vert pour servir
> sel, poivre

Pour la marinade

> 2 gousses d'ail
> 2 yaourts nature (soit 250 g)
> 1/2 oignon rouge
> 1 cuill. à soupe de gingembre frais râpé
> le jus de 2 citrons verts
> 1 cuill. à soupe de garam masala
> 1 cuill. à soupe de piment en poudre

1. Préparez la marinade. Pelez et hachez les gousses d'ail. Dans un bol, mélangez les yaourts avec le demi-oignon haché, le gingembre, l'ail, le jus de citron, le garam masala, le piment, du sel et du poivre.

2. Coupez les filets de poisson en cubes. Épluchez l'oignon rouge et coupez-le en grosses rondelles.

3. Montez les brochettes en intercalant les morceaux de poisson et les rondelles d'oignon. Déposez-les dans un plat, versez dessus la marinade au yaourt. Retournez les brochettes dedans pour bien les enrober. Couvrez de film alimentaire et laissez mariner au moins 4 heures au réfrigérateur.

4. Préchauffez le four à 200 °C (therm. 6-7).

5. Épluchez le concombre et détaillez-le en petits cubes. Ciselez la coriandre. Dans un bol, mélangez le concombre et la coriandre avec le yaourt, du sel et du poivre.

6. Déposez les brochettes sur la plaque du four couverte de papier sulfurisé et enfournez pour 10 minutes.

7. Servez les brochettes avec la sauce et des quartiers de citron vert.

> **Conseil.** Vous pouvez mélanger plusieurs variétés de poissons : saumon, thon, espadon...

Curry de crevettes

POUR 4 PERSONNES

PRÉPARATION : 30 min

CUISSON : 20 min environ

> 400 g de grosses crevettes décortiquées surgelées
> 1 gros oignon
> 2 tiges de citronnelle
> un morceau de gingembre frais de 2,5 cm de long
> 2 tomates
> 2 petits piments rouges
> 2 cuill. à soupe d'huile de tournesol
> 1 cuill. à soupe de cumin en poudre
> 1 cuill. à soupe de sauce nuoc-mâm
> 25 cl de lait de coco
> 1 cuill. à café de sucre en poudre
> le jus de 1 citron vert
> 1 bouquet de coriandre

1. Faites décongeler les crevettes.

2. Hachez l'oignon et coupez finement la citronnelle. Râpez le gingembre. Coupez les tomates en dés. Détaillez les piments en petits morceaux en retirant les graines.

3. Mettez à chauffer l'huile dans un wok ou une poêle profonde. Faites-y revenir les oignons jusqu'à ce qu'ils se colorent. Ajoutez la citronnelle, le gingembre, le cumin et les piments. Faites revenir le tout pendant 2 minutes en remuant.

4. Versez la sauce nuoc-mâm et le lait de coco dans le wok. Mélangez, puis ajoutez les dés de tomate. Laissez cuire à feu doux jusqu'à ce que les tomates soient fondues et que toutes les saveurs de la sauce s'expriment bien. Si vous préparez ce curry à l'avance, arrêtez-vous là et reprenez 10 minutes avant de passer à table en faisant d'abord réchauffer la sauce.

5. Plongez les crevettes dans la sauce et laissez-les mijoter à feu doux pendant 5 minutes, jusqu'à ce qu'elles soient rosées et tendres. Ajoutez le sucre et le jus de citron vert. Laissez chauffer encore 1 minute et versez dans un plat.

6. Servez immédiatement en parsemant généreusement de feuilles de coriandre.

Brochettes de gambas au bacon

POUR 4 PERSONNES
PRÉPARATION : 30 min
MARINADE : 2 h
CUISSON : 8 min

> 1 pointe de harissa
> 3 cuill. à soupe d'huile d'olive
> 1 cuill. à café de piment doux
> le jus de 1/2 citron
> 12 grosses gambas
> 6 grandes tranches de bacon
> sel, poivre

1. Dans un bol, mélangez la harissa avec l'huile d'olive, le piment, le jus de citron, du sel et du poivre.

2. Décortiquez délicatement les gambas en laissant l'extrémité de la queue intacte. Coupez les tranches de bacon en deux dans la longueur. Roulez chaque demi-tranche autour d'une gamba en serrant légèrement.

3. Enfilez 3 gambas sur chaque pique à brochette. Rangez celles-ci dans un plat. Versez l'huile au piment dessus. Couvrez de film alimentaire et laissez mariner au moins 2 heures au réfrigérateur.

4. Au moment de servir, faites griller les brochettes 3 ou 4 minutes de chaque côté à la plancha ou dans une poêle. Servez aussitôt.

> **Conseil.** Accompagnez ces brochettes d'un riz parfumé ou d'un mesclun. Vous pouvez remplacer le bacon par de fines tranches de lard fumé. Pour avoir des brochettes moins piquantes, remplacez le piment doux par du piment d'Espelette.

Curry de lotte à la créole

POUR 4-6 PERSONNES

PRÉPARATION : 15 min

CUISSON : 1 h environ

> 1,4 kg de lotte (poids brut)
> 3 oignons
> 3 tomates
> 2 gousses d'ail
> 1 orange non traitée
> 10 cl d'huile d'arachide
> 1 mesure de safran
> 1 cuill. à soupe de gingembre frais râpé ou 1 cuill. à café de gingembre en poudre
> 1 bouquet garni
> 1 cuill. à café de curry en poudre
> piment de Cayenne
> sel, poivre

1. Préparez la lotte et coupez-la en morceaux. Épluchez et hachez les oignons.

2. Ébouillantez, pelez et épépinez les tomates ; coupez-les en morceaux. Pelez les gousses d'ail et hachez-les finement. Prélevez le zeste d'orange.

3. Mettez à chauffer l'huile dans une cocotte et faites-y dorer les morceaux de lotte, puis retirez-les avec une écumoire.

4. Dans la même huile, faites revenir les oignons 5 minutes ; ajoutez les tomates et mélangez. Ajoutez le safran, le gingembre, l'ail, le bouquet garni, le zeste d'orange et le curry. Faites cuire 5 ou 6 minutes à feu moyen en remuant sans arrêt.

5. Versez 25 cl d'eau chaude, ajoutez 1 pointe de piment de Cayenne, du sel et du poivre. Couvrez et laissez mijoter 20 minutes.

6. Remettez la lotte dans la cocotte, couvrez et laissez cuire doucement 30 minutes. Retirez le bouquet garni et l'écorce d'orange.

Crevettes à la thaïe

POUR 4 PERSONNES

PRÉPARATION : 25 min

CUISSON : 20 min

> 2 gousses d'ail
> 1 oignon blanc
> 1 citron vert
> 1 petit piment rouge
> 3 cuill. à soupe d'huile d'arachide ou de colza
> 1 cuill. à soupe bombée de curry en poudre
> 600 g de crevettes roses décortiquées
> 10 cl de coulis de tomates
> 20 cl de crème de coco
> 2 branches de coriandre
> sel, poivre

1. Pelez et hachez l'ail et l'oignon. Lavez le citron vert, pressez-le après en avoir râpé le zeste. Hachez finement le piment.

2. Dans une poêle, mettez l'huile à chauffer et faites-y fondre l'ail et l'oignon pendant 3 minutes. Saupoudrez de curry et laissez cuire 5 minutes à feu moyen pour bien le faire griller.

3. Ajoutez les crevettes et le piment, laissez-les dorer puis versez le coulis de tomates et la crème de coco. Salez, poivrez et faites cuire de 8 à 10 minutes à feu moyen ; versez un peu d'eau si la sauce épaissit trop.

4. En fin de cuisson, ajoutez le jus et le zeste de citron vert ; laissez cuire encore 1 minute en remuant.

5. Répartissez les crevettes et la sauce dans des assiettes, parsemez de feuilles de coriandre et servez aussitôt.

Tajine de dorade aux courgettes

POUR 4 PERSONNES
PRÉPARATION : 15 min
CUISSON : 35 min

> 400 g de courgettes
> 2 échalotes
> 10 cl d'huile d'olive
> 1 cuill. à soupe rase de curcuma
> 4 filets de dorade de 160 g chacun coupés en morceaux
> sel, poivre

1. Lavez les courgettes et coupez-les en deux dans la longueur puis en tranches. Pelez et hachez les échalotes.

2. Mettez à chauffer la moitié de l'huile dans une poêle et faites-y fondre les échalotes pendant 5 minutes à feu moyen. Ajoutez les courgettes, la moitié du curcuma, du sel et du poivre ; laissez cuire 15 minutes en remuant régulièrement.

3. Préchauffez le four à 210 °C (therm. 7).

4. Répartissez les courgettes dans le fond d'un plat à tajine ou d'un plat à gratin. Déposez les morceaux de dorade dessus, saupoudrez avec le reste de curcuma et arrosez de l'huile d'olive restante.

5. Couvrez le plat d'une feuille d'aluminium. Enfournez pour 15 minutes. Servez à la sortie du four.

> **Variante.** Préparez ce tajine avec des filets de rouget barbet et remplacez le curcuma par 1 cuillerée à soupe bombée de graines de fenouil ou de cumin.

Wok de langoustines à la citronnelle

POUR 4 PERSONNES
PRÉPARATION : 30 min
CUISSON : 6-8 min

> 1,5 kg de langoustines crues
> 1 tige de citronnelle fraîche
> un morceau de gingembre frais de 2,5 cm de long environ
> 2 gousses d'ail
> 300 g de pois gourmands
> 80 g de pousses de haricot mungo (« germes de soja »)
> 1/2 cuill. à café de purée de piment
> 1 cuill. à soupe de sauce soja
> 1 cuill. à soupe de vinaigre de riz
> 1 cuill. à soupe d'huile d'arachide
> 1 cuill. à café d'huile de sésame

1. Décortiquez les langoustines. Rincez-les puis épongez-les.

2. Après avoir retiré les feuilles extérieures, émincez la tige de citronnelle en fines rondelles. Pelez et hachez finement le gingembre et l'ail.

3. Lavez et séchez les pois gourmands et les pousses de soja. Dans une tasse, mélangez le piment, la sauce soja et le vinaigre de riz.

4. Chauffez un wok (ou à défaut une grande poêle) à feu très vif. Versez l'huile d'arachide puis, quand elle est bien chaude, faites revenir l'ail, la citronnelle et le gingembre pendant 15 secondes. Ajoutez les langoustines et faites-les revenir 1 ou 2 minutes. Sortez-les du wok à l'aide d'une écumoire et gardez-les au chaud.

5. Laissez le wok à feu moyen, ajoutez les légumes et faites-les revenir pendant 4 ou 5 minutes en remuant souvent.

6. Remettez les langoustines dans le wok, ajoutez la sauce pimentée et mélangez. Poursuivez la cuisson encore 1 minute.

7. Versez dans un plat chaud et servez aussitôt en arrosant d'huile de sésame.

Thon mi-cuit au sésame

POUR 4 PERSONNES
PRÉPARATION : 25 min
MARINADE : 6 h
CUISSON : 5-6 min

> 4 pavés de thon de 150 g environ
> 80 g de graines de sésame doré
> 3 cuill. à soupe d'huile de sésame ou d'une autre huile végétale
> sauce soja et wasabi pour servir

Pour la marinade

> 20 g de gingembre frais
> 10 cl de sauce soja
> 3 cuill. à soupe de saté
> 1 cuill. à café rase de sucre en poudre
> 1/2 cuill. à café de piment de Cayenne

1. Préparez la marinade. Épluchez et râpez finement le gingembre. Dans un bol, mélangez-le avec la sauce soja, le saté, le sucre et le piment de Cayenne.

2. Disposez les pavés de thon dans un plat. Versez la marinade dessus et couvrez le plat de film alimentaire. Laissez mariner pendant 6 heures au réfrigérateur en retournant le poisson au bout de 3 heures.

3. Égouttez les pavés. Passez-les dans le sésame en pressant légèrement dessus pour faire adhérer les graines.

4. Mettez à chauffer l'huile de sésame dans une poêle et faites-y cuire les pavés pendant 2 ou 3 minutes de chaque côté, à feu moyen. Laissez-les reposer 3 minutes dans une assiette avant de les trancher délicatement. Servez avec de la sauce soja mélangée avec une pointe de wasabi.

> **Conseil.** Accompagnez ces pavés de thon d'un tempura de coriandre. Pour le préparer, mélangez 100 g de farine avec 1 demi-cuillerée à café de bicarbonate de soude et 15 à 20 cl d'eau glacée pour obtenir une pâte légèrement liquide. Trempez de grandes feuilles de coriandre fraîche dans la pâte et faites-les frire quelques secondes dans un bain d'huile très chaud.

Makis au surimi

POUR 4 PERSONNES
PRÉPARATION : 30 min
RÉFRIGÉRATION : 15 min
CUISSON : 15 min environ

> 150 g de riz rond pour makis
> 1 cuill. à café de sel
> 3 cuill. à café de sucre en poudre
> 1 petit avocat
> 4 bâtonnets de surimi
> 4 feuilles d'algues de 10 cm x 16 cm environ (dans les magasins de produits diététiques ou au rayon « produits du monde » des grandes surfaces)
> 3 cuill. à soupe de vinaigre de riz
> sauce soja pour servir

1. Rincez le riz à l'eau froide. Mettez-le dans une casserole avec une fois et demie son volume d'eau froide, le sel et le sucre. Portez à ébullition, puis faites cuire de 12 à 15 minutes. Laissez le riz refroidir.

2. Coupez l'avocat en deux, retirez le noyau et la peau, puis détaillez la chair en lamelles. Découpez le surimi en fins bâtonnets.

3. Préparez 4 rectangles de film alimentaire et déposez dessus les feuilles d'algues. À l'aide d'un pinceau, réhydratez celles-ci avec le vinaigre de riz.

4. Étalez le riz sur les algues, puis posez dessus les bâtonnets de surimi et les lamelles d'avocat. Roulez délicatement les makis en serrant légèrement et en vous aidant du film alimentaire.

5. Laissez-les reposer au réfrigérateur pendant 15 minutes avant de les découper en tronçons de 2 cm. Servez avec de la sauce soja.

Moussaka

POUR 4-6 PERSONNES
PRÉPARATION : 30 min
CUISSON : 1 h 40 environ

> 5 aubergines
> 50 cl d'huile d'olive
> 500 g de tomates
> 1 gousse d'ail
> 1 oignon
> 2 branches de thym
> 1 feuille de laurier
> 1 cuill. à café de sucre
> 750 g de bœuf haché
> 10 feuilles de menthe
> 10 branches de persil
> sel, poivre

1. Coupez les aubergines en tranches dans le sens de la longueur. Versez 30 cl d'huile d'olive dans une poêle et faites-y frire les aubergines. Laissez-les s'égoutter 30 minutes sur du papier absorbant, en changeant le papier deux ou trois fois.

2. Pendant ce temps, ébouillantez les tomates, pelez-les, puis concassez la pulpe. Écrasez l'ail et hachez l'oignon. Dans une poêle, faites revenir l'oignon avec 2 cuillerées à soupe d'huile, 2 ou 3 minutes, à feu moyen. Ajoutez les tomates, l'ail, le thym et le laurier, du sel, du poivre et le sucre. Faites cuire 25 minutes, à feu doux, jusqu'à obtenir une sauce consistante.

3. Dans un saladier, mélangez le bœuf, la sauce tomate, la menthe et le persil ciselés, le reste de l'huile d'olive (gardez-en 2 cuillerées pour le plat), du sel et du poivre.

4. Préchauffez le four à 180 °C (therm. 6). Huilez un plat allant au four, tapissez-le de tranches d'aubergine, puis remplissez-le de couches alternées de hachis et d'aubergine en terminant par du hachis.

5. Placez le plat dans un bain-marie, portez à ébullition sur le feu, puis enfournez pour 1 heure. Éteignez ensuite le four et laissez-y la moussaka 15 minutes, porte entrouverte. Démoulez-la et servez.

Soupe du ramadan

POUR 4 PERSONNES
TREMPAGE : 12 h
PRÉPARATION : 30 min
CUISSON : 1 h 30

> 120 g de pois chiches secs
> 2 grosses pommes de terre
> 2 grosses carottes
> 1 branche de céleri
> 1 oignon
> 2 gousses d'ail
> 350 g de viande de bœuf à bouillir
> 3 cuill. à soupe d'huile végétale
> 1 cuill. à café de curcuma
> 1 cuill. à soupe de harissa
> 2 litres de bouillon de bœuf
> 2 tomates
> 80 g de riz long
> sel, poivre

1. **La veille.** Mettez les pois chiches à tremper pendant 12 heures dans un récipient d'eau froide.

2. **Le jour même.** Épluchez et lavez les pommes de terre et les carottes ; détaillez-les en cubes. Émincez la branche de céleri. Pelez et hachez l'oignon et l'ail. Coupez la viande en petits morceaux.

3. Faites chauffer l'huile dans une grande casserole et saisissez les morceaux de viande avec l'oignon et l'ail pendant 2 ou 3 minutes. Ajoutez le curcuma et la harissa, laissez cuire 2 minutes puis versez le bouillon. Ajoutez les pois chiches et les légumes ; salez et poivrez. Faites cuire pendant 1 heure à feu moyen.

4. Coupez les tomates en morceaux. Mettez-les dans la soupe avec le riz et poursuivez la cuisson encore 30 minutes. Servez bien chaud, avec du pain.

> **Variante.** Remplacez le riz par des lentilles corail qui cuisent très rapidement.

> **Conseils.** Si vous manquez de temps, utilisez des pois chiches en conserve. Pour rendre la soupe plus épaisse, vous pouvez la lier en fin de cuisson avec un peu de fécule de pomme de terre.

Tortillas à la mexicaine

POUR 4 PERSONNES
PRÉPARATION : 20 min
CUISSON : 35 min environ

Pour les tortillas

> 200 g de farine de blé
> 7 g de levure chimique
> 10 cl d'huile végétale + 3 cuill. à soupe pour la cuisson

Pour la garniture

> 1 oignon
> 2 gousses d'ail
> 1 piment frais
> 1 poivron rouge ou jaune
> 2 cuill. à soupe d'huile végétale
> 400 g de viande de bœuf hachée
> 1 cuill. à café de piment de Cayenne en poudre
> 1 cuill. à café de cumin en poudre
> 10 cl de sauce tomate ou de tomates concassées en conserve
> sel, poivre

1. Préparez les tortillas. Dans un saladier, mélangez la farine avec la levure, l'huile, 20 cl d'eau tiède et du sel. Détaillez la pâte en 8 petites boules puis étalez celles-ci en disques fins de 15 à 20 cm de diamètre.

2. Faites cuire les tortillas dans une poêle avec les 3 cuillerées à soupe d'huile pendant 1 ou 2 minutes de chaque côté.

3. Préparez la garniture. Pelez et hachez l'oignon et l'ail. Hachez le piment. Rincez le poivron, épépinez-le et détaillez-le en lanières.

4. Mettez l'huile à chauffer dans une poêle et faites-y revenir les lanières de poivron pendant 3 minutes. Ajoutez la viande, l'oignon, l'ail et le piment hachés. Laissez cuire 10 minutes à feu vif en remuant.

5. Ajoutez les épices, la sauce tomate (ou les tomates concassées), du sel et du poivre, et poursuivez la cuisson encore 10 minutes à feu moyen.

6. Au moment de servir, disposez la garniture sur les tortillas, roulez celles-ci délicatement et dégustez aussitôt.

> **Variantes.** Remplacez le bœuf par du poulet ou garnissez les tortillas avec uniquement des légumes grillés aux épices.

Chili con carne

POUR 6-8 PERSONNES
PRÉPARATION : 15 min
CUISSON : 2 h 30 environ

> 4 gros oignons
> 3 gousses d'ail
> 1,5 kg de gîte à la noix ou de tranche
> 4 cuill. à soupe d'huile de maïs ou d'arachide
> 3 cuill. à café de chili en poudre
> 1 cuill. à café de graines de cumin
> 1 cuill. à café d'origan
> Tabasco®
> 50 cl de bouillon de bœuf
> 400 g de tomates pelées en conserve
> 2 boîtes de haricots rouges au naturel (800 g environ)
> 100 g de cheddar
> sel, poivre

1. Pelez et hachez 2 oignons et l'ail. Coupez la viande en très petits dés ou hachez-la grossièrement.

2. Chauffez l'huile dans une grande cocotte et faites-y revenir les oignons et l'ail, à feu moyen. Au bout de 10 minutes, ajoutez la viande et poursuivez la cuisson à découvert, en remuant, pendant 5 ou 6 minutes. Ajoutez le chili, le cumin, l'origan, quelques gouttes de Tabasco®, du sel et du poivre. Remuez et baissez le feu. Versez le bouillon.

3. Égouttez les tomates et ajoutez-les dans la cocotte. Mélangez bien et faites mijoter à couvert entre 1 heure et 1 h 10, à feu doux.

4. Ajoutez les haricots rouges égouttés et poursuivez la cuisson encore 1 heure.

5. Pelez et hachez les 2 oignons restants. Mettez-les dans une coupelle. Râpez le cheddar dans une autre coupelle.

6. Servez le chili brûlant avec ces deux condiments.

Wok de bœuf, nouilles sautées aux légumes

POUR 4 PERSONNES
PRÉPARATION : 30 min
MARINADE : 3 h
CUISSON : 15 min environ

> 700 g de bavette de bœuf
> 250 g de nouilles chinoises
> 2 carottes
> 1 courgette
> 3 cuill. à soupe d'huile d'olive
> 3 cuill. à soupe d'huile d'arachide ou de colza
> sel, poivre

Pour la marinade

> 10 cl de sauce au piment asiatique
> 2 cuill. à soupe de sauce d'huîtres
> 3 cuill. à soupe de sauce soja forte
> 1 piment rouge

1. Coupez la viande en morceaux et mettez-la dans un saladier.

2. Préparez la marinade. Dans un bol, mélangez les trois sauces avec le piment coupé en petits morceaux et du poivre. Versez la marinade sur la viande et retournez les morceaux pour bien les en enrober. Couvrez le saladier de film alimentaire et placez-le au réfrigérateur. Laissez mariner pendant 3 heures.

3. Faites cuire les nouilles 2 minutes dans un grand volume d'eau bouillante salée. Égouttez-les, rafraîchissez-les à l'eau froide.

4. Épluchez les carottes, lavez la courgette. Taillez les deux légumes en fins bâtonnets. Dans une grande poêle, faites revenir les légumes avec l'huile d'olive pendant 3 ou 4 minutes. Ajoutez les nouilles et faites-les sauter 3 minutes à feu vif en remuant.

5. Égouttez la viande. Dans un wok, faites chauffer l'huile d'arachide et saisissez les morceaux pendant 1 minute de chaque côté.

6. Ajoutez à la marinade 1 petit verre d'eau. Une fois la viande bien saisie, versez la marinade diluée dans le wok. Laissez cuire 3 ou 4 minutes à feu vif en remuant. Servez aussitôt avec les nouilles sautées aux légumes.

Nems de porc

POUR 4 PERSONNES
(16 NEMS ENVIRON)

PRÉPARATION : 40 min

CUISSON : 10 min

> 80 g de champignons noirs séchés
> 50 g de vermicelles de riz
> 2 oignons
> 3 gousses d'ail
> 1 carotte
> 700 g de viande de porc hachée
> 2 œufs + 1 blanc d'œuf
> 3 cuill. à soupe de sauce nuoc-mâm + pour servir
> 16 feuilles de brick
> huile pour la friture
> feuilles de salade pour servir
> sel, poivre

1. Mettez les champignons séchés et les vermicelles dans un bol, puis versez dessus de l'eau bouillante afin de les réhydrater. Laissez tremper 15 minutes.

2. Pelez et hachez les oignons et l'ail.

3. Égouttez les champignons et les vermicelles. Hachez-les grossièrement ou coupez-les aux ciseaux. Épluchez, lavez et râpez finement la carotte.

4. Dans un saladier, mélangez la viande avec 2 œufs, les champignons, les vermicelles, la carotte, les oignons et l'ail, le nuoc-mâm, du sel et du poivre.

5. Découpez les feuilles de brick en carrés. Déposez une portion de farce en bas d'une feuille, rabattez les côtés gauche et droit vers le milieu puis roulez le nem sur lui-même. Refermez-le en collant la pâte avec du blanc d'œuf légèrement battu. Roulez ainsi les autres nems.

6. Faites frire les nems dans un bain d'huile très chaude. Servez aussitôt, avec des feuilles de salade et du nuoc-mâm mélangé avec un peu de sucre, du sel et un peu de carotte râpée.

> **Conseil.** Vous pouvez préparer les nems à l'avance. Une fois frits, égouttez-les sur du papier absorbant puis, au moment de servir, réchauffez-les dans le four très chaud.

Wok de porc au lait de coco

POUR 4 PERSONNES
PRÉPARATION : 10 min
CUISSON : 20 min

> 2 oignons
> 2 gousses d'ail
> 500 g de porc (filet, épaule)
> 2 cuill. à soupe d'huile d'arachide
> 2 cuill. à café de curry en poudre
> 1 pincée de piment en poudre
> 1 cuill. à café de gingembre en poudre
> 20 cl de lait de coco
> 1 yaourt nature brassé (125 g) ou 12 cl de crème fraîche liquide
> sel, poivre

1. Pelez les oignons et les gousses d'ail, puis émincez-les. Détaillez la viande en lamelles.

2. Faites chauffer l'huile dans un wok ou dans une poêle et saisissez l'oignon et les lamelles de porc à feu vif, jusqu'à ce que la viande soit bien dorée. Saupoudrez de curry, de piment et de gingembre, puis ajoutez l'ail.

3. Incorporez le lait de coco et le yaourt ; salez et poivrez. Laissez mijoter à feu doux pendant 15 minutes. Servez bien chaud.

> **Conseil.** En accompagnement, proposez des nouilles de riz ou du chou chinois émincé et sauté pendant quelques minutes à feu vif.

Colombo de porc

POUR 6 PERSONNES
PRÉPARATION : 20 min
MARINADE : 30 min
CUISSON : 55 min

> 1,2 kg d'échine de porc
> 2 petits oignons nouveaux
> 1 mangue verte
> 3 aubergines moyennes
> 3 pommes de terre
> 3 cuill. à soupe d'huile d'arachide
> 3 cuill. à soupe de poudre pour colombo
> le jus de 1 citron

Pour la marinade

> 2 gousses d'ail
> 1 petit piment
> 3 cuill. à soupe de vinaigre
> sel, poivre

1. Préparez la marinade. Pelez et écrasez l'ail, ou hachez-le finement. Coupez le piment en fines lamelles. Mélangez l'ail et le piment dans un plat creux avec le vinaigre, du sel et du poivre.

2. Coupez la viande en cubes. Mettez ceux-ci dans la marinade et roulez-les dedans. Laissez mariner 30 minutes.

3. Pendant ce temps, pelez et hachez les oignons. Pelez la mangue, ouvrez-la pour retirer le noyau et coupez-la en morceaux. Épluchez les aubergines et les pommes de terre et coupez-les en cubes.

4. Égouttez la viande. Dans une cocotte, faites chauffer l'huile, ajoutez la viande, la mangue et le hachis d'oignon. Faites dorer le tout doucement 5 minutes environ en remuant.

5. Délayez la poudre pour colombo dans un peu d'eau et versez-la dans la cocotte. Ajoutez les aubergines et les pommes de terre. Salez, poivrez et mélangez. Versez juste assez d'eau pour recouvrir les ingrédients et portez à ébullition. Baissez ensuite le feu, couvrez la cocotte et laissez cuire 50 minutes.

6. Environ 5 minutes avant la fin de la cuisson, ajoutez le jus de citron. Rectifiez l'assaisonnement, puis versez le colombo dans le plat de service. Servez avec du riz.

Épaule de porc au cinq-épices

POUR 4-6 PERSONNES
PRÉPARATION : 5 min
CUISSON : 1 h environ

> 3 gousses d'ail
> 4 échalotes
> 1 cuill. à soupe de sucre en poudre
> 1 cuill. à soupe de sauce nuoc-mâm
> 1 cuill. à soupe de sauce soja
> 1 cuill. à soupe de cinq-épices
> 1 rôti de porc dans l'épaule de 1 kg
> 20 cl de fond de volaille
> sel, poivre

1. Pelez et hachez l'ail et les échalotes. Écrasez-les dans un mortier (ou bien au mixeur) avec le sucre, le nuoc-mâm, la sauce soja, le cinq-épices et 3 tours de moulin à poivre.

2. Dans une cocotte, dorez l'épaule de porc avec sa couenne pendant 10 minutes, puis ajoutez le mélange à base d'épices.

3. Versez le fond de volaille, couvrez et faites cuire 50 minutes à feu doux, en retournant la viande à mi-cuisson.

4. Roulez l'épaule dans son jus de cuisson avant de la retirer de la cocotte. Détaillez-la en tranches, disposez-la sur un plat et arrosez-la du jus de cuisson.

> **Conseil.** Accompagnez ce rôti de nouilles chinoises ou de mangue poêlée avec de l'échalote et du lait de coco.

Couscous d'agneau confit aux carottes et aux raisins

POUR 4 PERSONNES
PRÉPARATION : 15 min
CUISSON : 3 h environ

> 1 oignon
> 1 gousse d'ail
> 400 g de carottes
> 3 cuill. à soupe d'huile d'olive
> 1 kg d'épaule d'agneau désossée
> 10 cl de porto
> 1,5 litre de fond de veau
> 2 branches de thym
> 1 branche de romarin
> 250 g de semoule de blé fine
> 120 g de raisins secs
> sel, poivre

1. Émincez l'oignon et l'ail. Coupez les carottes en tronçons. Dans une cocotte, faites saisir la viande dans l'huile. Ajoutez l'oignon et l'ail, laissez cuire 5 minutes puis versez le porto. Salez, poivrez, laissez bouillir 5 minutes et versez le fond de veau. Ajoutez les carottes et les herbes.

2. Couvrez la cocotte et laissez cuire 2 h 30 environ, à feu doux, en retournant la viande régulièrement jusqu'a ce qu'elle soit confite. Versez un peu d'eau si la viande n'est pas suffisament recouverte de liquide.

3. Laissez la viande refroidir. Sortez-la ensuite de la cocotte ainsi que les carottes. Effilochez-la viande en morceaux.

4. Mouillez la semoule avec une tasse d'eau froide salée ; laissez gonfler 5 minutes. Étalez-la dans le panier d'un autocuiseur et faites-la cuire de 5 à 8 minutes à partir de la rotation de la soupape. Sortez-la de l'autocuiseur et égrenez-la à la fourchette.

5. Réchauffez le jus de cuisson de la viande avec les raisins secs, 10 minutes à feu doux. Ajoutez la viande effilochée et les carottes ; laissez réchauffer à feu doux. Égouttez la viande, les carottes et les raisins ; déposez-les dans le plat de service. Mettez la semoule à côté et servez, avec la sauce à part.

Tajine d'agneau au citron confit et aux olives

POUR 8 PERSONNES
PRÉPARATION : 20 min
CUISSON : 2 h

> 1 gros oignon
> 2 gousses d'ail
> 800 g de selle d'agneau
> 2 citrons confits au sel
> 2 cuill. à soupe d'huile d'olive
> 1 cuill. à café de curcuma en poudre
> 1 cuill. à café de coriandre moulue
> 1 cuill. à café de graines de coriandre
> 1 pincée de cannelle
> 1 cuill. à café de quatre-épices
> 30 cl de bouillon de volaille
> 1 bouquet de coriandre
> 1 petit bocal d'olives vertes
> sel, poivre

1. Pelez et hachez l'oignon, pelez et écrasez l'ail. Détaillez la viande en gros cubes. Coupez les citrons confits en quatre en retirant les pépins.

2. Mettez l'huile à chauffer dans un plat à tajine (ou dans une sauteuse). Faites-y cuire l'oignon et l'ail à feu doux, sans les laisser prendre couleur. Ajoutez l'agneau, le curcuma, la coriandre en poudre et en graines, la cannelle, le quatre-épices, ainsi que le bouillon de volaille et le citron confit ; salez et poivrez. Couvrez le plat à tajine (ou la sauteuse) et laissez cuire lentement pendant 2 heures.

3. Lavez et ciselez la coriandre.

4. Environ 10 minutes avant la fin de la cuisson, ajoutez les olives vertes pour les réchauffer. Parsemez le tajine de coriandre ciselée et servez.

> **Conseil.** Accompagnez ce plat de semoule mélangée à des raisins de Corinthe. Préparez-la à l'avance et réchauffez-la au four à micro-ondes au dernier moment.

Curry d'agneau

POUR 4-6 PERSONNES
PRÉPARATION : 30 min
MACÉRATION : 1 h
CUISSON : 50 min environ

> 1 cuill. à soupe de gingembre frais râpé
> 1 mesure de safran
> 1 grosse pincée de piment de Cayenne
> 5 cuill. à soupe d'huile d'arachide
> 1,5 kg de collier ou d'épaule d'agneau en morceaux
> 3 grosses tomates
> 4 gros oignons
> 3 gousses d'ail
> 1 cuill. à soupe de curry
> 1 bouquet garni
> 1 pomme granny-smith
> 15 cl de lait de coco
> 300 g de riz basmati ou thaï
> 2 ou 3 tranches d'ananas frais (ou en boîte)
> 1 banane
> le jus de 1/2 citron
> 50 g de noix de cajou
> 30 g de raisins secs
> sel, poivre

1. Mélangez le gingembre, le safran, le piment, 2 cuillerées à soupe d'huile, du sel et du poivre. Roulez la viande dans ce mélange et laissez-la macérer 1 heure.

2. Ébouillantez les tomates, pelez-les et concassez-les. Pelez les oignons et coupez-les en rondelles ; pelez et hachez l'ail.

3. Dans une cocotte, mettez à chauffer le reste d'huile, faites dorer les morceaux de viande puis retirez-les. Mettez les oignons et faites-les revenir 5 minutes, ajoutez les tomates, le curry, l'ail et le bouquet garni.

4. Pelez et râpez la pomme, ajoutez-la dans la cocotte. Après 3 minutes, remettez la viande dans la cocotte et versez le lait de coco. Couvrez et laissez mijoter 40 minutes.

5. Pendant la cuisson du curry, lavez le riz et mettez-le dans une casserole. Salez-le et recouvrez-le de trois fois son volume d'eau. Faites cuire à gros bouillons et à découvert. Quand le niveau de l'eau ne dépasse plus les grains, couvrez et maintenez à petit feu, jusqu'à ce que le riz soit bien sec.

6. Coupez les tranches d'ananas en dés. Détaillez la banane en rondelles, arrosez-la de jus de citron. Servez le curry avec le riz et disposez dans des raviers séparés les noix de cajou, les raisins secs, l'ananas et la banane pour que chacun ajoute ce qu'il veut dans son assiette.

Poulet tandoori

POUR 4 PERSONNES
PRÉPARATION : 30 min
MARINADE : 24 h
CUISSON : 1 h 30

> 1 poulet de 1,2 kg
> 2 yaourts nature (soit 250 g)
> 10 cl de jus de citron vert
> 2 cuill. à soupe bombées de poudre tandoori
> 2 cuill. à soupe de vinaigre de vin
> 3 cuill. à soupe d'huile d'arachide
> 1 citron vert coupé en quartiers pour servir
> sel, poivre

1. **La veille.** Coupez le poulet en quatre puis recoupez chaque morceau en deux. Retirez la peau et, avec la pointe d'un couteau, incisez la viande en plusieurs endroits en allant jusqu'à l'os.

2. Dans un bol, mélangez les yaourts avec le jus de citron vert, la poudre tandoori, le vinaigre, l'huile, du sel et du poivre. Mettez les morceaux de poulet dans un saladier et enrobez-les de marinade. Couvrez le saladier de film alimentaire et placez-le au réfrigérateur pour 24 heures.

3. **Le jour même.** Préchauffez le four à 140 °C (therm. 4-5). Recouvrez une plaque de papier sulfurisé.

4. Sortez les morceaux du saladier en les gardant enrobés de marinade. Déposez-les sur la plaque. Faites cuire 1 h 30 environ, sans toucher aux morceaux, jusqu'à ce qu'ils soient bien dorés. Servez avec des quartiers de citron vert.

> **Conseils.** Accompagnez ce plat de riz aux raisins secs et à la cannelle. Pour raccourcir le temps de préparation, faites mariner les morceaux de poulet d'abord 2 heures dans du jus de citron seul, avec un peu de sel, puis mettez-les à mariner 12 heures seulement dans le yaourt mélangé avec le reste des ingrédients.

Curry de poulet

POUR 4-6 PERSONNES
PRÉPARATION : 20 min
CUISSON : 45-50 min

> 3 oignons
> 2 bananes
> le jus de 1/2 citron
> 2 pommes
> 2 tomates
> 2 cuill. à soupe d'huile d'arachide
> 1 poulet de 1,3-1,5 kg en morceaux
> 3 cuill. à soupe de curry en poudre
> 20 cl de lait de coco
> 200-300 g de riz basmati ou thaï
> 1 yaourt
> sel

1. Pelez et hachez les oignons. Coupez les bananes en rondelles épaisses, mettez-les dans un saladier et arrosez-les de jus de citron. Épluchez les pommes, coupez-les en dés. Ajoutez-les dans le saladier.

2. Ébouillantez les tomates pendant 20 secondes, pelez-les et concassez-les.

3. Mettez l'huile à chauffer dans une cocotte et faites-y revenir les morceaux de poulet avec l'oignon. Saupoudrez de 1 cuillerée à soupe de curry, mélangez et faites cuire 5 minutes en remuant.

4. Égouttez les bananes et les pommes et ajoutez-les dans la cocotte avec le reste du curry ainsi que les tomates. Versez le lait de coco, salez. Couvrez la cocotte et faites cuire 35 minutes environ à feu doux.

5. Pendant ce temps, lavez le riz et mettez-le dans une casserole. Salez et recouvrez de trois fois son volume d'eau. Faites cuire à gros bouillons et à découvert. Quand le niveau de l'eau ne dépasse plus les grains, couvrez et maintenez à petit feu, jusqu'à ce que le riz soit parfaitement sec.

6. Retirez les morceaux de poulet de la cocotte, gardez-les au chaud dans le plat de service. Ajoutez le yaourt dans la cocotte, mélangez et faites cuire de 5 à 10 minutes pour faire épaissir la sauce. Versez la sauce sur le poulet. Servez le riz à part.

Tajine de poulet aux pommes de terre et aux olives

POUR 4 PERSONNES
PRÉPARATION : 20 min
CUISSON : 1 h 30 environ

> 1 gros oignon
> 8 pommes de terre
> 3 cuill. à soupe d'huile d'olive
> 1 poulet coupé en 8 morceaux
> 3 cuill. à soupe de miel
> 120 g d'olives vertes
> 1 cuill. à café de pistils de safran
> sel, poivre

1. Pelez et émincez l'oignon. Brossez les pommes de terre, lavez-les et coupez-les en quatre.

2. Dans une grande cocotte, mettez à chauffer l'huile d'olive et faites-y dorer les morceaux de poulet. Ajoutez l'oignon et laissez cuire 5 minutes à feu moyen puis mettez le miel. Laissez légèrement caraméliser puis ajoutez les pommes de terre, les olives et le safran ; salez et poivrez.

3. Versez 50 cl d'eau dans la cocotte. Couvrez la cocotte aux trois quarts et laissez cuire 1 h 15 à feu doux, jusqu'à ce que les morceaux de poulet soient fondants. Ajoutez un peu d'eau en cours de cuisson si nécessaire. Servez bien chaud.

> **Conseil.** Pour ce tajine, choisissez de préférence un poulet jaune des Landes. Il cuira un peu plus longtemps, mais son goût sera meilleur et sa couleur jaune naturelle sera accentuée par le safran.

Pastilla de poulet au safran

POUR 4-6 PERSONNES
PRÉPARATION : 40 min
CUISSON : 1 h 30

- > 3 cuill. à soupe d'huile d'olive
- > 1 poulet de 1,2 kg environ coupé en morceaux
- > 1 cuill. à café rase de pistils de safran
- > 1 cube de bouillon de volaille
- > 2 oignons rouges
- > 40 g de beurre fondu
- > 8 feuilles de brick
- > 1 cuill. à café de cannelle en poudre
- > 2 cuill. à soupe de sucre en poudre
- > sel, poivre

1. Dans une cocotte, chauffez la moitié de l'huile d'olive et faites-y saisir les morceaux de poulet ; salez et poivrez. Couvrez le poulet d'eau, ajoutez le safran et le cube de bouillon. Laissez cuire pendant 1 h 10 environ à feu moyen.

2. Pelez et émincez les oignons. Dans une poêle, faites-les fondre avec l'huile restante pendant 15 minutes.

3. Une fois le poulet cuit, désossez les morceaux, hachez grossièrement la chair, puis mélangez-la avec les oignons.

4. Préchauffez le four à 180 °C (therm. 6).

5. Badigeonnez de beurre le fond d'un moule à manqué et chemisez-le avec 2 feuilles de brick beurrées. Mettez-y un tiers de farce au poulet, saupoudrez d'un peu de cannelle et de sucre. Recouvrez de 2 autres feuilles de brick beurrées, mettez un autre tiers de farce, de la cannelle et du sucre. Recommencez enore une fois puis terminez par les 2 dernières feuilles de brick beurrées en rabattant leurs bords vers l'intérieur du moule. Beurrez le dessus, saupoudrez avec le reste de sucre et de cannelle. Faites cuire au four pendant 20 minutes.

6. Démoulez délicatement la pastilla et coupez-la en parts à l'aide d'un couteau-scie. Servez aussitôt.

Yakitori

POUR 4 PERSONNES
PRÉPARATION : 20 min
MARINADE : 2 h
CUISSON : 8 min

> 3 cuill. à soupe de sauce soja forte
> 3 cuill. à soupe de saké
> 1 cuill. à café de poivre moulu
> 1 cuill. à soupe de sucre en poudre
> 4 petits blancs de poulet

1. Dans un bol, mélangez la sauce soja, le saké, le poivre et le sucre.

2. Coupez les blancs de volaille en petits cubes et enfilez ceux-ci, bien serrés, sur des piques en bois. Déposez les brochettes dans un plat, versez la marinade dessus. Couvrez de film alimentaire et laissez mariner pendant 2 heures au réfrigérateur.

3. Égouttez les brochettes. Versez la marinade dans une petite casserole et faites-la réduire des deux tiers à feu vif pour qu'elle devienne sirupeuse.

4. Faites cuire les brochettes dans une poêle antiadhésive, de 6 à 8 minutes à feu moyen, en les retournant régulièrement. Passez-les ensuite dans la sauce réduite et servez aussitôt.

> **Conseil.** Accompagnez ces brochettes de riz blanc ou d'une purée de pommes de terre.

> **Variante.** Vous pouvez remplacer le poulet par de la pintade, beaucoup plus goûteuse et originale.

Poulet teriyaki

POUR 4 PERSONNES
PRÉPARATION : 15 min
MARINADE : 4 h
CUISSON : 1 h environ

> 4 cuisses de poulet
> 6 cuill. à soupe de sauce soja forte
> 3 cuill. à soupe d'huile de sésame
> 3 cuill. à soupe de vinaigre de riz
> 1 cuill. à soupe de gingembre frais râpé
> 1 cuill. à soupe de sucre en poudre
> le jus de 2 citrons
> poivre

1. Dégraissez les cuisses de poulet. Entaillez-les légèrement à plusieurs endroits avec la pointe d'un couteau.

2. Dans un bol, mélangez au fouet la sauce soja, l'huile de sésame, le vinaigre, le gingembre, le sucre et le jus de citron ; poivrez mais ne salez pas, la sauce soja l'est déjà.

3. Disposez les cuisses de poulet dans un plat à bords hauts en les serrant bien. Versez dessus la marinade et enrobez-les bien. Couvrez le plat de film alimentaire et laissez mariner au moins 4 heures au réfrigérateur.

4. Préchauffez le four à 140 °C (therm. 4-5).

5. Déposez les cuisses de poulet marinées dans un plat allant au four, tapissé de papier sulfurisé. Arrosez-les avec la marinade. Faites-les cuire entre 50 minutes et 1 heure en les arrosant régulièrement mais sans les retourner. Servez aussitôt.

> **Conseils.** Accompagnez ce poulet d'un riz aux amandes. Vous pouvez ajouter à la marinade 2 ou 3 cuillerées à soupe de saké. À défaut de gingembre frais, utilisez du gingembre en poudre.

Direction de la publication : Isabelle Jeuge-Maynart
Direction éditoriale : Delphine Blétry
Édition : Ewa Lochet
Direction artistique : Emmanuel Chaspoul
Informatique éditoriale : Marion Pépin, Philippe Cazabet
Mise en page : Martine Debrais
Lecture-correction : Joëlle Narjollet, Chantal Pagès
Couverture : Véronique Laporte
Fabrication : Annie Botrel

Crédits photographiques : pages 30-31 : Guillaume Czerw © coll. Larousse (stylisme : Alexia Janny) ; pages 25, 37, 39, 47 : Caroline Faccioli © coll. Larousse (stylisme : Sabine Paris) ; page 19 : Marie-José Jarry © coll. Larousse (stylisme : Bérengère Abraham) ; pages 5, 9, 44-45 : Olivier Ploton © coll. Larousse (stylisme : Bérengère Abraham) ; pages 12-13 : Olivier Ploton © coll. Larousse (stylisme Émilie Chrétien) ; pages 40-41, 51 : Olivier Ploton © coll. Larousse (stylisme Valérie Vermeeren) ; pages 7, 11, 14-15, 17, 21-23, 27, 29, 33, 35, 43, 49, 52-53, 55, 57, 59 : Pierre-Louis Viel © coll. Larousse (stylisme Valéry Drouet).

Illustration de couverture : Véronique Laporte

ISBN : 301-0-00-001323-5

Pour les Éditions Larousse, le principe est d'utiliser des papiers composés de fibres naturelles, renouvelables, recyclables et fabriqués à partir de bois issus de forêts qui adoptent un système d'aménagement durable. En outre, les Éditions Larousse attendent de leurs fournisseurs de papier qu'ils s'inscrivent dans une démarche de certification environnementale reconnue.

Photogravure Nord Compo, Villeneuve-d'Ascq
Imprimé en Chine par Leo Paper Products
Dépôt légal : octobre 2011
306770/01 – 11014383 – avril 2011

PETITS PLATS LÉGERS

LAROUSSE

21 rue du Montparnasse 75283 Paris Cedex 06

SOMMAIRE

Salade de champignons et de haricots verts

POUR 4 PERSONNES
PRÉPARATION : 20 min
CUISSON : 8-10 min

> 250 g de champignons de Paris
> le jus de 1/2 citron
> 200 g de haricots verts
> 1 échalote
> 1/2 bouquet de cerfeuil
> 1 œuf dur
> 3 cuill. à soupe d'huile d'olive
> 1 cuill. à soupe de vinaigre d'estragon
> sel, poivre

1. Nettoyez et émincez finement les champignons. Arrosez-les de jus de citron.

2. Plongez les haricots verts dans une casserole d'eau bouillante et laissez-les cuire de 8 à 10 minutes. Égouttez-les et laissez-les tiédir.

3. Pelez et hachez l'échalote. Lavez et ciselez le cerfeuil.

4. Écalez l'œuf dur et coupez-le en deux. Sortez le jaune et émiettez-le dans un bol. Ajoutez l'huile et le vinaigre ; salez et poivrez.

5. Réunissez les champignons et les haricots verts dans un saladier. Arrosez-les de sauce et mélangez. Ajoutez en décor le blanc d'œuf haché et le cerfeuil ciselé.

> **Variante.** Vous pouvez remplacer le cerfeuil par de la coriandre.

Salade de mâche à la betterave

POUR 4 PERSONNES
PRÉPARATION : 15 min
CUISSON : quelques secondes

- > 100 g de mâche
- > 1 betterave crue ou cuite
- > 1 pomme granny
- > 1 cuill. à soupe de pignons de pin
- > 1 cuill. à soupe de graines de sésame
- > une dizaine de noisettes

Pour la vinaigrette

- > 1 cuill. à soupe de vinaigre de cidre
- > 1 cuill. à soupe d'huile de noisette
- > 2 cuill. à soupe de fromage blanc ou d'huile d'arachide
- > sel, poivre

1. Lavez la mâche et essorez-la. Épluchez la betterave crue et râpez-la. Si vous utilisez de la betterave cuite, coupez-la en dés. Lavez la pomme, évidez le cœur et coupez-la en lamelles.

2. Préparez la vinaigrette. Versez le vinaigre dans un saladier. Salez et poivrez. Émulsionnez avec l'huile de noisette et le fromage blanc (ou l'huile d'arachide).

3. Faites légèrement dorer les pignons et les graines de sésame à sec dans une poêle bien chaude.

4. Déposez la mâche, la pomme et la betterave dans le saladier. Parsemez de noisettes, de pignons et de graines de sésame, mélangez et servez aussitôt.

Salade de « germes de soja » aux saveurs marines

POUR 4 PERSONNES
PRÉPARATION : 20 min
CUISSON : 1 min

> 500 g de pousses de haricot mungo (« germes de soja »)
> 8 bâtonnets de surimi au crabe
> 200 g de petites crevettes décortiquées
> 4 ou 5 brins de coriandre

Pour la sauce

> 2 petits oignons blancs
> sauce soja
> 1 cuill. à café de moutarde douce
> 1 pincée de sucre
> 1 cuill. à soupe de xérès
> 1 cuill. à soupe de vinaigre de cidre
> 3 cuill. à soupe d'huile de colza ou d'arachide
> piment de Cayenne

1. Lavez les pousses de haricot mungo, puis plongez-les 1 minute dans de l'eau bouillante salée. Rafraîchissez-les dans une passoire, puis égouttez-les. Séchez-les dans du papier absorbant.

2. Coupez les bâtonnets de surimi en tronçons. Disposez-les dans un saladier avec les crevettes et les pousses de haricot mungo.

3. Préparez la sauce. Pelez et coupez finement les oignons. Mettez-les dans un grand bol, ajoutez 1 cuillerée à soupe de sauce soja, la moutarde, le sucre, le xérès, le vinaigre, l'huile et 2 pincées de piment de Cayenne.

4. Battez énergiquement avec un fouet pour émulsionner cette sauce puis versez-la sur la salade. Mélangez bien. Décorez avec les pluches de coriandre.

> **Bon à savoir.** Ce qu'on appelle souvent « germes de soja » n'est pas du vrai soja. Il s'agit de pousses de haricot mungo.

Salade de blé à l'avocat et au pamplemousse

POUR 4 PERSONNES
PRÉPARATION : 15 min
CUISSON : 10 min

> 150 g de blé dur précuit
> 1 avocat
> le jus de 1 citron
> 1 pamplemousse rose
> 1 cuill. à soupe de fromage blanc
> 2 cuill. à soupe d'huile d'olive
> quelques feuilles de coriandre fraîche
> sel, poivre

1. Faites cuire le blé à l'eau bouillante salée pendant 10 minutes. Égouttez-le.

2. Pelez l'avocat et coupez la chair en dés. Déposez ceux-ci dans un saladier et arrosez-les avec la moitié du jus de citron. Pelez le pamplemousse à vif et détachez les quartiers. Ajoutez le blé et les quartiers de pamplemousse dans le saladier.

3. Dans un bol, mélangez le reste du jus de citron avec du sel et du poivre. Ajoutez le fromage blanc et émulsionnez avec l'huile d'olive.

4. Versez cette vinaigrette dans le saladier, mélangez et parsemez de coriandre ciselée.

Asperges à la mayonnaise légère

POUR 4 PERSONNES
PRÉPARATION : 20 min
CUISSON : 20 min environ

> 1,2 kg d'asperges vertes

Pour la mayonnaise légère

> 10 cl de crème fraîche liquide, très froide
> 10 cl de mayonnaise
> 2 cuill. à soupe de cerfeuil haché (ou de ciboulette)
> gros sel
> sel, poivre

1. Coupez l'extrémité dure des asperges puis lavez-les sans les laisser tremper. Liez-les en bottes avec de la ficelle de cuisine. Mettez un saladier au réfrigérateur.

2. Portez à ébullition une marmite d'eau salée. Plongez-y les asperges et laissez-les cuire 20 minutes environ.

3. Préparez la sauce pendant la cuisson des asperges. Versez la crème liquide dans le saladier refroidi, et fouettez-la énergiquement au fouet à main ou au fouet électrique, jusqu'à ce qu'elle soit bien ferme. Incorporez-la délicatement à la mayonnaise ; salez, poivrez et ajoutez les herbes. Versez dans une saucière et mettez au réfrigérateur jusqu'au moment de servir.

4. Testez la cuisson des asperges en les piquant avec la pointe d'un couteau : elles doivent être juste tendres, mais fermes. Égouttez-les délicatement et posez-les sur un linge blanc plié sur le plat de service.

5. Servez les asperges chaudes ou bien laissez-les tiédir ou refroidir, selon la façon dont vous désirez les déguster. Apportez la sauce en même temps.

Tartare de saumon à la coriandre

POUR 4 PERSONNES
PRÉPARATION : 20 min
CONGÉLATION : 20 min

> 400 g de saumon extra-frais
> 1 petit bouquet de coriandre
> 2 cuill. à soupe d'huile d'olive
> le jus de 1/2 citron vert
> sel, poivre

1. Vérifiez qu'il ne reste pas de peau sur le saumon, puis assurez-vous qu'il n'y ait plus d'arêtes en passant délicatement le doigt sur la chair, dans les deux sens. S'il en subsiste, enlevez-les avec une pince à épiler. Mettez le saumon au congélateur pour 20 minutes environ pour le raffermir.

2. Lavez la coriandre, retirez les grosses tiges et, à l'aide de ciseaux, coupez les feuilles au-dessus d'un bol.

3. Posez un saladier dans un plus grand récipient contenant de la glace. Sortez le saumon du congélateur, posez-le sur une planche à découper et hachez-le finement avec un couteau bien aiguisé. Mettez-le au fur et à mesure dans le saladier bien froid.

4. Versez l'huile d'olive sur le poisson haché, salez et poivrez, mélangez bien. Ajoutez le jus du demi-citron et la coriandre ciselée, et remuez de nouveau.

5. Répartissez le tartare de saumon dans des moules individuels et mettez ceux-ci au réfrigérateur jusqu'au moment de servir.

> **Suggestion.** Vous pouvez disposer le tartare sur des feuilles de salade garnies de quelques tomates cerises. Proposez aussi quelques toasts chauds.

Terrine de poisson au basilic

POUR 8 PERSONNES
PRÉPARATION : 20 min
CUISSON : 1 h environ

> 1 kg de tomates bien mûres
> 4 gousses d'ail
> 3 cuill. à soupe d'huile d'olive
> 600 g de filets de cabillaud, de lieu ou d'un autre poisson blanc
> 1 bouquet de basilic
> 6 œufs
> sel, poivre

1. Plongez les tomates pendant 10 secondes dans de l'eau bouillante, rafraîchissez-les à l'eau froide, pelez-les, épépinez-les et concassez-les grossièrement. Pelez les gousses d'ail et hachez-les.

2. Mettez à chauffer 2 cuillerées à soupe d'huile d'olive dans une sauteuse et faites-y dorer l'ail 1 ou 2 minutes à feu vif. Ajoutez les tomates et laissez cuire 15 minutes environ à découvert, à feu moyen, en remuant de temps en temps.

3. Détaillez le poisson en cubes de 3 ou 4 cm de côté. Ciselez le basilic.

4. Préchauffez le four à 180 °C (therm. 6). Remplissez la lèchefrite d'eau aux trois quarts pour faire un bain-marie.

5. Dans un saladier, fouettez les œufs, ajoutez la fondue de tomates, les cubes de poisson et le basilic ; salez et poivrez.

6. Versez cette préparation dans un moule à cake ou dans une terrine huilée et placez dans la lèchefrite. Faites cuire pendant 40 minutes. Vérifiez la cuisson en piquant avec un couteau au centre de la terrine : la lame doit ressortir humide.

7. Laissez tiédir la terrine avant de la démouler. Servez froid.

> **Conseil.** Cette terrine est excellente avec une mayonnaise maison à l'huile d'olive.

Gaspacho andalou

POUR 4 PERSONNES
PRÉPARATION : 25 min
RÉFRIGÉRATION : 2 h

- > 4 tomates
- > 1 poivron rouge
- > 1 poivron vert
- > 150 g de concombre
- > 1 oignon
- > 2 gousses d'ail
- > 1 cuill. à soupe de concentré de tomate
- > 1 cuill. à soupe de câpres
- > 1 brin de thym frais
- > 2 cuill. à soupe de vinaigre
- > 10 feuilles d'estragon
- > 1 citron
- > 3 cuill. à soupe d'huile d'olive
- > sel, poivre

1. Plongez les tomates 20 secondes dans de l'eau bouillante, puis rafraîchissez-les aussitôt à l'eau froide. Pelez-les, épépinez-les et taillez-les en dés. Faites de même avec les poivrons.

2. Épluchez le concombre et détaillez-le en cubes. Pelez et hachez l'oignon et l'ail.

3. Réunissez ces légumes dans un saladier, ajoutez le concentré de tomate, les câpres égouttées, le thym effeuillé et le vinaigre.

4. Versez 1 litre d'eau froide dans le saladier et passez toute la préparation au mixeur.

5. Lavez et ciselez l'estragon. Pressez le citron. Ajoutez l'estragon et le jus de citron dans le saladier ainsi que l'huile d'olive ; salez, poivrez et mélangez.

6. Mettez le gaspacho au réfrigérateur pendant au moins 2 heures avant de le servir dans des assiettes creuses bien froides.

Potage de carottes et de potiron au cumin

POUR 4 PERSONNES
PRÉPARATION : 10 min
CUISSON : 20 min

> 500 g de carottes
> 500 g de potiron
> 1 pomme de terre bintje
> 1 cuill. à soupe d'huile d'olive
> 1 orange à jus
> 1 cube de bouillon de volaille
> 2 cuill. à café de cumin en poudre
> sel, poivre

1. Pelez les carottes, le potiron et la pomme de terre, lavez-les et coupez-les en morceaux.

2. Mettez l'huile à chauffer dans un autocuiseur et faites-y revenir les légumes pendant 2 minutes en remuant.

3. Pressez l'orange, versez le jus dans l'autocuiseur et ajoutez 1 litre d'eau, le cube de bouillon émietté et le cumin. Salez et poivrez.

4. Fermez l'autocuiseur et laissez cuire environ 15 minutes après la mise en rotation de la soupape. Mixez et servez bien chaud.

> **Variante.** Remplacez le cumin par du curry en poudre.

Crème d'asperge au basilic

POUR 4 PERSONNES
PRÉPARATION : 10 min
CUISSON : 10-20 min

> 1 kg d'asperges vertes, fraîches ou surgelées
> 1 cube de bouillon de légumes
> 3 cuill. à soupe de basilic ciselé
> 15 cl de crème liquide légère
> sel, poivre

1. Si vous utilisez des asperges fraîches, coupez leur extrémité dure, puis lavez-les sans les laisser tremper. Si vous utilisez des asperges surgelées, inutile de les décongeler.

2. Dans une casserole, portez de l'eau salée à ébullition et plongez-y les asperges. Faites-les cuire 20 minutes si elles sont fraîches, 10 minutes si elles sont surgelées.

3. Égouttez les asperges en gardant l'équivalent d'un verre d'eau de cuisson.

4. Remettez asperges et eau de cuisson dans la casserole, ajoutez le cube de bouillon émietté, le basilic ciselé et la crème liquide. Mixez pour obtenir une crème lisse. Rectifiez l'assaisonnement, poivrez généreusement. Réchauffez la crème avant de la servir.

> **Conseil.** Vous pouvez proposer cette crème avec des croûtons à l'ail et des copeaux de parmesan.

Endives à l'étouffée

POUR 4 PERSONNES
PRÉPARATION : 10 min
CUISSON : 10-15 min

> 1 kg d'endives
> 60 g de beurre
> 1 cuill. à café de sucre en poudre (facultatif)
> le jus de 1/2 citron
> sel, poivre

1. Rincez les endives sans les laisser tremper et séchez-les. Éliminez la base et le cône dur avec un couteau pointu. Coupez-les en deux ou en trois, puis éparpillez les morceaux avec les doigts au-dessus d'un saladier.

2. Dans une sauteuse, faites juste fondre le beurre à feu modéré, ajoutez les endives et remuez pendant 1 minute pour bien les mélanger. Salez et poivrez, saupoudrez éventuellement de sucre en poudre et arrosez du jus du demi-citron. Versez 15 cl d'eau, couvrez et laissez cuire de 10 à 15 minutes en remuant de temps en temps, jusqu'à ce que les endives soient tendres mais fermes. Rajoutez un peu d'eau au besoin si l'évaporation est trop rapide.

3. En fin de cuisson, les endives doivent être tendres mais fermes. S'il reste un peu d'eau, découvrez la sauteuse et augmentez le feu quelques instants pour permettre l'évaporation. Servez aussitôt.

> **Conseil.** Ces endives accompagnent très bien une viande blanche ou un poisson poêlé.

Flan de courgettes à la menthe

POUR 4 PERSONNES
PRÉPARATION : 10 min
CUISSON : 40 min

> 3 courgettes moyennes ou 500 g de courgettes surgelées en rondelles
> 4 ou 5 branches de menthe
> 4 œufs
> 1 jaune d'œuf
> 50 g de parmesan râpé
> 50 cl de lait
> sel, poivre

1. Coupez les extrémités des courgettes, lavez celles-ci et détaillez-les en rondelles. Si vous utilisez des courgettes surgelées, inutile de les décongeler.

2. Préchauffez le four à 180 °C (therm. 6). Beurrez un plat à gratin.

3. Placez les rondelles de courgette dans le plat. Lavez et ciselez la menthe ; vous devez en obtenir 2 cuillerées à soupe.

4. Dans un saladier, battez les œufs entiers avec le jaune d'œuf et le parmesan râpé. Versez le lait tout en fouettant, puis ajoutez la menthe ; salez et poivrez. Versez la préparation sur les courgettes. Enfournez pour 40 minutes. Servez chaud ou froid.

> **Conseil.** Dégustez ce flan avec une viande ou avec une simple salade verte.

Poêlée de quinoa aux légumes

POUR 4 PERSONNES
PRÉPARATION : 10 min
CUISSON : 40 min

> 180 g de quinoa
> 2 aubergines
> 4 tomates ou 200 g de tomates concassées en conserve
> 2 oignons
> 1 gousse d'ail
> 2 cuill. à soupe d'huile d'olive
> 25 cl de bouillon de légumes
> sel, poivre

1. Rincez le quinoa, déposez-le dans une casserole et ajoutez deux fois son volume d'eau. Salez, portez à ébullition puis laissez cuire 15 minutes à feu doux.

2. Pendant ce temps, lavez et épluchez les aubergines, puis coupez-les en dés. Plongez les tomates pendant 1 minute dans de l'eau bouillante, puis rafraîchissez-les. Pelez-les, épépinez-les et coupez la pulpe en dés.

3. Pelez les oignons et l'ail et émincez-les. Dans une poêle, mettez l'huile à chauffer et faites-y revenir les oignons. Ajoutez les dés d'aubergine et de tomate, l'ail et laissez cuire 5 minutes à feu moyen.

4. Versez le bouillon ; laissez mijoter 20 minutes. Incorporez le quinoa égoutté, mélangez et servez aussitôt.

> **Variante.** Transformez cette poêlée en gratin : ajoutez-y 1 ou 2 œufs battus, versez le tout dans un plat à four huilé, parsemez de fromage râpé et faites gratiner quelques minutes.

Poêlée de tofu aux pousses germées

POUR 4 PERSONNES
PRÉPARATION : 10 min
CUISSON : 20 min environ

> 400 g de haricots verts surgelés
> 2 oignons
> 2 gousses d'ail
> 200 g de tofu
> 3 cuill. à soupe d'huile d'arachide
> 2 cuill. à café de gingembre en poudre
> 400 g de pousses de haricot mungo (ou « germes de soja ») fraîches ou en conserve
> 2 cuill. à soupe de sauce soja
> sel, poivre

1. Plongez les haricots verts dans de l'eau bouillante salée et faites-les cuire de 5 à 7 minutes après la reprise de l'ébullition. Égouttez-les.

2. Pelez et émincez les oignons et l'ail. Coupez le tofu en cubes.

3. Dans une poêle, mettez 1 cuillerée à soupe d'huile à chauffer et faites-y suer les oignons et l'ail. Ajoutez les haricots verts, le tofu et le gingembre. Laissez cuire 5 minutes à feu moyen.

4. Rincez les pousses de haricot mungo puis égouttez-les. Versez le reste d'huile dans une autre poêle et faites sauter les pousses pendant 5 minutes ; salez et poivrez. Ajoutez la sauce soja, puis les haricots et le tofu, et poursuivez la cuisson encore 2 minutes. Servez aussitôt.

> **Bon à savoir.** Ce qu'on appelle souvent « germes de soja » n'est pas du vrai soja. Il s'agit de pousses de haricot mungo.

Papillotes de cabillaud aux crevettes

POUR 4 PERSONNES
PRÉPARATION : 15 min
CUISSON : 15 min

> 400 g de julienne de légumes surgelée
> 3 cuill. à soupe d'huile d'olive
> 1 cuill. à soupe de crème fraîche
> 4 dos de cabillaud
> 1 petite boîte de crevettes décortiquées (120 g net)
> 2 cuill. à café de graines de coriandre
> quelques brins de persil
> sel, poivre

1. Dans une poêle, faites revenir la julienne de légumes avec 1 cuillerée à soupe d'huile chaude pendant 5 minutes à feu moyen ; salez et poivrez. Incorporez la crème fraîche.

2. Préchauffez le four à 210 °C (therm. 7).

3. Découpez 4 carrés dans du papier sulfurisé et déposez un lit de julienne de légumes sur chacun d'eux. Posez dessus un dos de poisson. Parsemez de crevettes, de graines de coriandre écrasées et d'un peu de persil ; salez et poivrez. Versez le reste d'huile, puis fermez les papillotes.

4. Déposez-les dans un plat allant au four et enfournez pour 10 minutes.

> **Conseil.** Servez ces papillotes parfumées avec du riz sauvage ou du riz basmati.

Bar rôti au four

POUR 6 PERSONNES
PRÉPARATION : 5 min
CUISSON : 30 min

> 1 bar de 1,8 kg
> huile d'olive
> 2 branches de fenouil séché
> baies roses [facultatif]
> sel, poivre

1. Préchauffez le four à 240 °C (therm. 8).

2. Lavez le poisson puis essuyez-le avec du papier absorbant. Posez-le dans un plat allant au four et enduisez-le d'huile à l'aide d'un pinceau. Salez et poivrez l'intérieur et l'extérieur du bar. Glissez les branches de fenouil dans son ventre. Parsemez éventuellement de quelques baies roses. Enfournez pour 30 minutes.

3. Sortez le bar du four et retirez la peau sur un côté en glissant la lame d'un couteau dessous pour la soulever. Retournez le poisson (pour cela, utilisez deux longues spatules ou deux écumoires) et retirez la peau de l'autre côté. Servez aussitôt.

> **Conseil.** Proposez le bar avec des pommes de terre à l'eau ainsi que du beurre blanc [voir *Atelier de cuisine*, page 32].

Papillotes de hareng à la moutarde

POUR 4 PERSONNES
PRÉPARATION : 15 min
CUISSON : 15 min

> 4 gros harengs
> 1 feuille de laurier
> 4 cuill. à café de moutarde forte
> 4 cuill. à soupe de crème fraîche
> sel, poivre

1. Demandez au poissonnier de vider les poissons par les ouïes. Écaillez-les, coupez les grosses nageoires, puis rincez-les à l'eau froide et séchez-les dans du papier absorbant.

2. Brisez la feuille de laurier en la froissant entre les doigts et émiettez-la.

3. Préchauffez le four à 240 °C (therm. 8).

4. Étalez 4 feuilles de papier sulfurisé sur le plan de travail et posez un hareng sur chacune. Enduisez chaque poisson de 1 cuillerée à café de moutarde et de 1 cuillerée à soupe de crème ; salez et poivrez. Parsemez les poissons de morceaux de laurier, puis fermez les papillotes en repliant plusieurs fois les bords sur eux-mêmes.

5. Déposez les papillotes dans un plat à gratin. Enfournez à mi-hauteur et faites cuire pendant 15 minutes. Servez à la sortie du four, dans le plat de cuisson.

> **Conseil.** Accompagnez ces papillotes de pommes de terre cuites à l'eau et d'épinards étuvés. Laissez chacun ouvrir sa papillote dans son assiette pour ne pas perdre le jus de cuisson.

Lieu braisé à la tomate et au parmesan

POUR 4 PERSONNES
PRÉPARATION : 10 min
CUISSON : 15 min

> 4 pavés de lieu (de 150 g chacun)
> 4 tomates
> 80 g de parmesan
> 2 brins de thym
> 5 cl de vin blanc
> 5 cl d'huile d'olive
> sel, poivre

1. Préchauffez le four à 210 °C (therm. 7).

2. Lavez les tomates et coupez-les en tranches de 3 mm d'épaisseur.

3. Répartissez la moitié des tranches de tomate dans le fond d'un plat à four. Déposez les pavés de lieu par-dessus, puis couvrez-les avec les tranches restantes. Salez, poivrez, parsemez de parmesan finement râpé et de thym. Arrosez les pavés de vin blanc et d'huile d'olive.

4. Couvrez le plat d'une feuille d'aluminium. Faites cuire au four pendant 15 minutes.

5. Environ 5 minutes avant la fin de la cuisson, retirez la feuille d'aluminium pour faire légèrement gratiner le parmesan. Servez aussitôt.

> **Variante.** Confectionnez ce plat avec du merlu, à la place du lieu.

> **Conseil.** Au lieu de râper le parmesan, prélevez-le en fins copeaux, qui fondront doucement sur les tomates et le poisson.

Filets de daurade en portefeuille

POUR 4 PERSONNES
PRÉPARATION : 15 min
CUISSON : 15 min

> 1 courgette moyenne ou 250 g de courgettes en rondelles surgelées
> 150 g de mozzarella
> 5 cl d'huile d'olive
> 8 filets de daurade avec la peau, de 70 g chacun environ
> sel, poivre

1. Coupez les extrémités de la courgette, lavez celle-ci et détaillez-la en rondelles. Si vous utilisez des courgettes surgelées, inutile de les décongeler. Détaillez la mozzarella en tranches de 2 ou 3 mm d'épaisseur.

2. Saisissez les courgettes 4 ou 5 minutes dans une poêle dans la moitié de l'huile d'olive ; salez et poivrez.

3. Préchauffez le four à 210 °C (therm. 7).

4. Posez 4 filets de daurade côté peau en dessous dans un plat allant au four. Répartissez dessus les rondelles de courgette et les tranches de mozzarella. Recouvrez avec les 4 autres filets de daurade. Salez, poivrez, arrosez le tout avec le reste d'huile d'olive.

5. Faites cuire au four de 8 à 10 minutes en arrosant les filets à mi-cuisson avec leur jus. Servez dès la sortie du four.

> **Variante.** Ajoutez des tranches de tomate et un peu de pistou entre les filets de daurade.

Crevettes à la citronnelle

POUR 4 PERSONNES
PRÉPARATION : 25 min
TREMPAGE : 1 h
CUISSON : 6 min

> 15 g de champignons noirs déshydratés
> 800 g de grosses crevettes (ou de gambas) fraîches ou surgelées
> 1 gousse d'ail
> 1 petit bouquet de citronnelle
> 3 cuill. à soupe d'huile
> 1 pincée de piment en poudre
> sel, poivre

1. Mettez les champignons dans un petit saladier, recouvrez-les d'eau bouillante et laissez-les tremper pendant 1 heure pour les réhydrater.

2. Si vous utilisez des crevettes surgelées, laissez-les décongeler. Au besoin, décortiquez les crevettes en ne conservant que la queue, puis incisez la chair sur le dos à l'aide d'un petit couteau et retirez le boyau noir.

3. Égouttez les champignons et coupez-les en lamelles.

4. Pelez l'ail et hachez-le finement. Rincez la citronnelle, ôtez les feuilles dures, puis hachez finement les tiges.

5. Mettez l'huile à chauffer dans une poêle et faites-y cuire les crevettes environ 4 minutes, à feu vif, en les remuant plusieurs fois. Salez, poivrez, pimentez, puis ajoutez les champignons, l'ail et la citronnelle ; mélangez. Poursuivez la cuisson encore 2 minutes à feu modéré pour que tout soit bien chaud.

6. Versez le contenu de la poêle dans le plat de service et servez aussitôt.

> **Conseil.** Dégustez les crevettes avec du riz blanc.

Mini-brochettes de poisson aux courgettes grillées

POUR 4 PERSONNES
PRÉPARATION : 10 min
CUISSON : 10 min

> 3 pavés de saumon
> 3 pavés de cabillaud
> 2 courgettes (soit 300-400 g)
> 2 brins de thym
> 3 cuill. à soupe d'huile d'olive
> sel, poivre

1. Détaillez les pavés de saumon et de cabillaud en cubes.

2. Coupez les extrémités des courgettes, lavez celles-ci. Détaillez-les en tronçons de 2 cm, puis coupez chaque tronçon en quatre.

3. Montez les brochettes en intercalant sur des piques des morceaux de poissons et de courgettes. Parsemez-les de thym frais.

4. Mettez l'huile d'olive à chauffer dans une poêle antiadhésive et faites-y cuire les brochettes pendant 2 ou 3 minutes sur chaque face ; salez et poivrez. Servez bien chaud.

> **Conseil** : Accmpagnez ce plat de riz nature.

> **Variante** : Cette recette est tout aussi savoureuse avec d'autres poissons : truite, bar, daurade ou encore lotte. N'hésitez pas à varier également les légumes : aubergines, poivrons, etc.

Calmars farcis à la provençale

POUR 4 PERSONNES
PRÉPARATION : 40 min
CUISSON : 45 min environ

> 3 gros oignons
> 4 gros calmars nettoyés, avec les tentacules
> 100 g de mie de pain rassis
> 1 verre de lait
> 4 gousses d'ail
> 1 bouquet de persil
> 4 cuill. à soupe d'huile d'olive
> 2 tomates coupées en morceaux
> 2 jaunes d'œufs
> 1 verre de vin blanc sec
> 2 ou 3 cuill. à soupe de chapelure
> sel, poivre

1. Hachez 2 oignons et les tentacules des calmars. Faites tremper le pain dans du lait, essorez-le et ajoutez-le au hachis.

2. Hachez 3 gousses d'ail et la moitié du persil. Dans un poêlon, faites revenir le hachis de calmars avec la moitié de l'huile. Ajoutez l'ail, le persil et les tomates.

3. Ôtez le poêlon du feu et incorporez les jaunes d'œufs. Avec une cuillère, remplissez les calmars de cette farce. Fermez la poche en la cousant avec une aiguille et une ficelle de cuisine fine.

4. Préchauffez le four à 180 °C (therm. 6). Huilez un plat à gratin allant sur le feu. Disposez les calmars les uns contre les autres. Hachez le reste de persil, d'oignon et d'ail. Saupoudrez les calmars de ce hachis, salez et poivrez. Versez le vin blanc et 15 cl d'eau ; couvrez le plat d'une feuille d'aluminium huilée.

5. Faites démarrer la cuisson 5 minutes sur le feu, puis enfournez pour 30 minutes.

6. Ôtez l'aluminium, remettez le plat sur un feu vif et faites réduire le liquide de cuisson pendant 5 minutes. Arrosez les calmars d'un filet d'huile d'olive, poudrez de chapelure et faites gratiner 3 minutes sous le gril du four. Servez aussitôt.

Légumes vapeur, parmesan et jambon sec

POUR 4 PERSONNES
PRÉPARATION : 5 min
CUISSON : 10 min environ

> 2 ou 3 branches de basilic
> 500 g de légumes mélangés surgelés de votre choix
> huile d'olive
> 50 g de parmesan non râpé
> 4 tranches fines de jambon sec
> sel, poivre

1. Lavez et ciselez le basilic.

2. Faites cuire les légumes dans un cuit-vapeur en vous reportant aux indications figurant sur l'emballage pour le temps. Répartissez-les dans quatre assiettes, salez, poivrez et arrosez d'huile d'olive.

3. Détaillez le parmesan en copeaux à l'aide d'un couteau Économe et parsemez-en les assiettes. Saupoudrez de basilic ciselé et donnez 1 tour de moulin à poivre. Ajoutez 1 tranche de jambon sec dans chaque assiette et servez.

> **Conseil.** Pour un repas plus complet, dégustez ces légumes avec un œuf mollet.

Lamelles de bœuf aux oignons et aux petits pois

POUR 4 PERSONNES
PRÉPARATION : 10 min
CUISSON : 10 min
DÉCONGÉLATION : 4 h

> 4 pavés de rumsteck
> 8 oignons nouveaux
> 2 ou 3 gousses d'ail
> 6 cuill. à soupe d'huile d'olive
> 500 g de petits pois, frais ou surgelés
> 2 cuill. à soupe de basilic ciselé
> 5 cuill. à soupe de sauce soja
> sel, poivre

1. Coupez les pavés de rumsteck en fines lamelles régulières. Pelez et hachez finement les oignons nouveaux et l'ail.

2. Faites chauffer l'huile d'olive dans une grande poêle, ajoutez-y les petits pois (s'ils sont surgelés, il est inutile de les décongeler), les oignons émincés, l'ail et le basilic. Salez, poivrez et remuez pendant 2 ou 3 minutes jusqu'à ce que les petits pois soient cuits, mais encore croquants. Versez ces légumes dans un plat.

3. Dans la même poêle, saisissez les lamelles de rumsteck pendant 2 minutes à feu vif. Lorsqu'elles sont cuites, déposez-les sur les petits pois.

4. Versez la sauce soja dans la poêle et remuez avec une cuillère en bois pour récupérer le jus de cuisson. Nappez la viande de la sauce obtenue.

> **Variante.** N'hésitez pas à remplacer le bœuf par des blancs de poulet, ou même par des filets de rouget.

Filet de veau à l'orange

POUR 4 PERSONNES
PRÉPARATION : 10 min
CUISSON : 1 h 40

> 1 filet de veau de 700 g
> 1 cuill. à soupe d'huile d'arachide
> 2 oranges non traitées
> 1 cuill. à soupe de cognac
> 3 cuill. à soupe de crème fraîche épaisse
> sel, poivre

1. Dans une cocotte, faites revenir le filet de veau avec l'huile d'arachide. Laissez-le dorer sur toutes les faces pendant 5 minutes.

2. Lavez les oranges, prélevez le zeste de l'une d'elles et détaillez-le finement. Pressez les deux fruits.

3. Ajoutez le jus d'orange et le zeste dans la cocotte. Laissez cuire 5 minutes en mélangeant. Versez le cognac, faites-le flamber, puis salez et poivrez. Faites mijoter à couvert pendant 1 h 30.

4. Si vous préparez ce plat à l'avance, laissez le filet dans la cocotte fermée pour éviter qu'il ne se dessèche et réchauffez-le avant de passer à table.

5. Au moment de servir, sortez le filet de la cocotte et réservez-le. Versez la crème fraîche dans la cocotte, mélangez avec le jus de cuisson et faites réduire jusqu'à obtenir une sauce onctueuse.

6. Pendant ce temps, tranchez le filet. Servez-le très chaud, avec la sauce.

> **Conseil.** Ce filet est délicieux avec des pâtes fraîches ou des pommes de terre cuites à la vapeur.

Filet mignon de porc au miel et au gingembre

POUR 4 PERSONNES
PRÉPARATION : 15 min
CUISSON : 30 min

> 3 oignons moyens (200 g)
> 50 g environ de gingembre frais
> 2 filets mignons de porc
> 2 cuill. à soupe d'huile d'olive
> 2 cuill. à soupe de miel liquide
> sel, poivre

1. Pelez les oignons et coupez-les en quartiers. Épluchez le gingembre et hachez-le finement ; vous devez en obtenir 2 cuillerées à soupe.

2. Préchauffez le four à 180 °C (therm. 6).

3. Déposez la viande dans un plat à four. Répartissez les quartiers d'oignon et le gingembre tout autour. Salez, poivrez et arrosez d'huile d'olive. Enfournez pour 20 minutes.

4. Arrosez de miel et poursuivez la cuisson encore 10 minutes.

5. Découpez les filets mignons en tranches et disposez-les sur un plat avec les oignons. Présentez le jus de cuisson dans une saucière et servez aussitôt.

> **Conseil.** Accompagnez ce plat de riz blanc ou, si vous appréciez le sucré-salé, de quelques rondelles d'ananas revenues à la poêle.

Papillotes de poulet à la moutarde

POUR 4 PERSONNES
PRÉPARATION : 10 min
CUISSON : 20-25 min

> 4 blancs de poulet
> 4 cuill. à soupe de moutarde
> 3 cuill. à soupe de crème fraîche
> 2 branches de thym
> quelques pluches de persil plat
> 1 cuill. à café de baies roses
> 2 cuill. à soupe d'huile d'olive
> sel, poivre

1. Préchauffez le four à 180 °C (therm. 6).

2. Découpez quatre carrés dans du papier sulfurisé ou dans une feuille d'aluminium. Déposez 1 blanc de poulet sur chaque carré.

3. Dans un bol, mélangez la moutarde, la crème fraîche et le thym émietté. Salez et poivrez. Badigeonnez les blancs de volaille de cette préparation. Saupoudrez de persil ciselé et de baies roses, et arrosez d'un filet d'huile d'olive.

4. Fermez les papillotes en repliant plusieurs fois les bords sur eux-mêmes. Déposez-les dans un plat et enfournez pour 20 à 25 minutes. Dégustez bien chaud.

Papillotes de dinde aux épices

POUR 4 PERSONNES
PRÉPARATION : 20 min
CUISSON : 15 min

> 2 pommes acidulées (granny-smith)
> 2 bananes
> le jus de 1 citron
> 8 cuill. à soupe de lait de coco
> 1 cuill. à café de graines de coriandre
> 1 cuill. à café de graines de cumin
> 1 pincée de cannelle en poudre
> 1 pincée de gingembre moulu
> 1 pincée de safran
> 4 escalopes de dinde de 150 g chacune
> sel, poivre

1. Épluchez les pommes, retirez le cœur et les pépins ; coupez-les en quartiers. Pelez les bananes et détaillez-les en rondelles. Arrosez aussitôt les fruits avec le jus de citron.

2. Dans un bol, mélangez le lait de coco avec la coriandre, le cumin, la cannelle, le gingembre et le safran. Salez peu, poivrez.

3. Préchauffez le four à 210 °C (therm. 7).

4. Découpez quatre carrés dans du papier sulfurisé ou dans une feuille d'aluminium. Déposez 1 escalope sur chaque carré, répartissez les fruits, puis versez le lait de coco aux épices.

5. Fermez les papillotes en repliant plusieurs fois les bords sur eux-mêmes ou en attachant les extrémités avec une ficelle. Posez-les dans un plat à gratin. Enfournez pour 15 minutes.

6. Éteignez le four, laissez encore reposer 5 minutes. Servez dans le plat de cuisson après avoir entrouvert les papillotes.

Direction de la publication : Isabelle Jeuge-Maynart
Direction éditoriale : Delphine Blétry
Édition : Ewa Lochet
Direction artistique : Emmanuel Chaspoul
Informatique éditoriale : Marion Pépin, Philippe Cazabet
Mise en page : Martine Debrais
Lecture-correction : Joëlle Narjollet
Couverture : Véronique Laporte
Fabrication : Annie Botrel

Crédits photographiques : pages 37, 43 : Fabrice Besse © coll. Larousse (stylisme : Christl Exelmans) ; pages 10-11, 20-21, 29, 47, 57 : Guillaume Czerw © coll. Larousse (stylisme : Alexia Janny) ; pages 7, 19, 31-33, 59 : Caroline Faccioli © coll. Larousse (stylisme : Sabine Paris) ; pages 25, 35 : Caroline Faccioli © coll. Larousse (stylisme : Corinne Jausserand) ; page 45 : Marie-José Jarry © coll. Larousse (stylisme : Bérengère Abraham) ; page 51 : Jean-François Mallet © coll. Larousse ; pages 5, 8-9, 15 : Olivier Ploton © coll. Larousse (stylisme : Valérie Vermeeren) ; pages 17, 53 : Olivier Ploton © coll. Larousse (stylisme : Bérengère Abraham) ; page 13 : Amélie Roche © coll. Larousse (stylisme : Alexia Janny) ; pages 23, 27, 49, 55 : Philippe Vaurès Santamaria © coll. Larousse (stylisme : Laurence du Tilly) ; pages 39, 41 : Pierre-Louis Viel © coll. Larousse (stylisme : Valéry Drouet)
Illustration de couverture : Véronique Laporte

ISBN : 301-0-00-001320-4

Pour les Éditions Larousse, le principe est d'utiliser des papiers composés de fibres naturelles, renouvelables, recyclables et fabriqués à partir de bois issus de forêts qui adoptent un système d'aménagement durable. En outre, les Éditions Larousse attendent de leurs fournisseurs de papier qu'ils s'inscrivent dans une démarche de certification environnementale reconnue.

Photogravure Nord Compo, Villeneuve-d'Ascq
Imprimé en Chine par Leo Paper Products
Dépôt légal : octobre 2011
306770/01 – 11014383 – avril 2011

ATELIER
DE CUISINE

LAROUSSE

21 rue du Montparnasse 75283 Paris Cedex 06

SOMMAIRE

Tourner un fond d'artichaut

1. Après avoir arraché la queue de l'artichaut, égalisez le fond pour en enlever toutes les feuilles. Citronnez le tout.

2. Coupez les feuilles aux deux tiers de la hauteur, juste au-dessus du foin.

3. Dégagez le cœur en retirant soigneusement le foin à l'aide d'un petit couteau.

Monder les tomates

1. Retirez le pédoncule des tomates après les avoir lavées. Retournez les tomates et entaillez-les en croix.

2. Mettez les tomates pendant 10 secondes dans de l'eau bouillante, puis plongez-les aussitôt dans de l'eau froide.

3. Retirez la peau en la soulevant délicatement.

Dégraisser un bouillon

1. Passez le bouillon dans une passoire tapissée d'une mousseline. Faites refroidir le liquide recueilli puis mettez-le au réfrigérateur.

2. Une fois que la graisse s'est figée à la surface, retirez-la à l'aide d'une cuillère ou d'une écumoire.

BON À SAVOIR

Une fois le bouillon dégraissé, on obtient une excellente base pour une soupe ou un potage. Si vous manquez de temps pour faire refroidir le bouillon, ôtez le maximum de graisse à l'aide d'une louche, puis passez un morceau de papier absorbant à la surface du liquide.

Déglacer une sauce

1

1. Après avoir retiré tous les éléments cuits, versez le liquide de déglaçage (crème, bouillon, vin, etc.) sur les sucs colorés et caramélisés au fond du récipient de cuisson posé sur le feu. Décollez les sucs, à la spatule, pour les délayer dans le liquide.

2

2. Poursuivez la cuisson pendant 3 ou 4 minutes, tout en remuant, pour faire réduire la préparation. Goûtez et rectifiez l'assaisonnement. Vous pouvez éventuellement passer cette sauce au tamis.

BON À SAVOIR

Pour ne pas alourdir la sauce, il est parfois indispensable de retirer du récipient une partie de la matière grasse avant d'y verser le liquide de déglaçage.

Ébarber et écailler un poisson

1. Avec de bons ciseaux, coupez les nageoires latérales et la nageoire ventrale, ainsi que les barbes, au ras du poisson. Ébarbez la nageoire dorsale à contresens. Écourtez la queue.

2. Grattez vigoureusement le poisson en passant l'écailleur (ou un simple couteau) de la queue vers la tête. Rincez plusieurs fois le poisson sous l'eau froide.

BON À SAVOIR

La tête, la carcasse et les barbes du poisson peuvent servir à réaliser un excellent fumet qui servira de base à une sauce ou à une soupe. Vous pouvez le congeler en petites portions dans le bac à glaçons et utiliser celles-ci au fur et à mesure de vos besoins.

Vider un poisson

1. Si le poisson est de petite taille, il faut le vider par les ouïes. Introduisez l'index dans l'opercule et tirez doucement d'abord les branchies, puis les viscères.

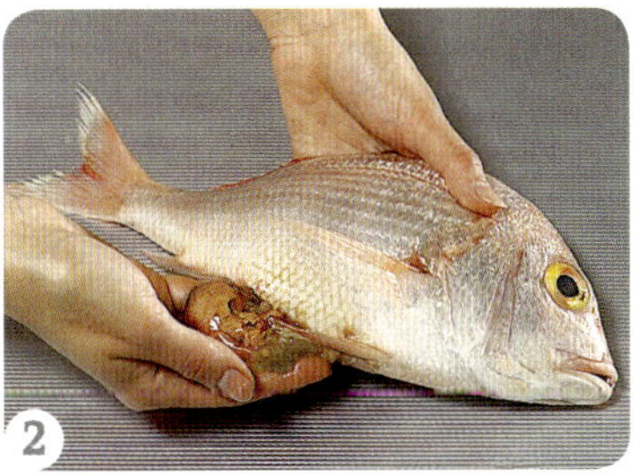

2. Le poisson de taille moyenne, ou gros, doit être vidé par le ventre. Incisez sur quelques centimètres, écartez les bords de l'ouverture et retirez les viscères et les ouïes.

BON À SAVOIR

Une fois le poisson vidé, rincez-le et épongez-le soigneusement dans du papier absorbant. Si vous ne le préparez pas aussitôt, rangez-le dans la partie la plus froide du réfrigérateur.

Lever les filets d'un poisson plat

1. Sur un poisson dépouillé (vidé et sans la peau), pratiquez une incision de la tête vers la queue, en suivant l'arête centrale.

2. Commencez à détacher le premier filet du côté de la tête : glissez un couteau entre l'arête et la chair et levez le filet en appuyant bien la lame sur l'arête pour ne pas déchirer la chair.

3. Levez le deuxième filet, situé de l'autre côté de l'arête centrale. Retournez ensuite le poisson et effectuez les mêmes gestes pour lever les deux autres filets.

Lever les filets d'un poisson rond

1. Positionnez le poisson la queue vers vous et pratiquez une incision le long de l'arête dorsale, de la tête vers la nageoire caudale.

2. Faites une incision en biseau derrière la tête, puis détachez progressivement le filet tout en faisant glisser le couteau le long de l'arête.

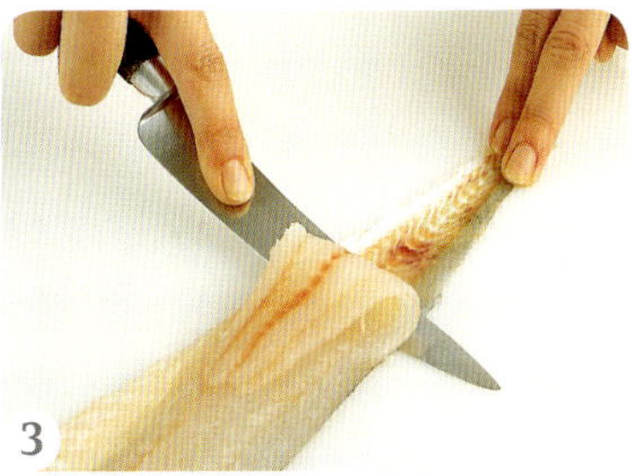

3. Une fois le premier filet détaché, placez le poisson l'arête dorsale contre la planche. Tenez le couteau parallèle à l'arête et faites-le remonter de la queue vers la tête pour lever le second filet.

Farcir un poisson

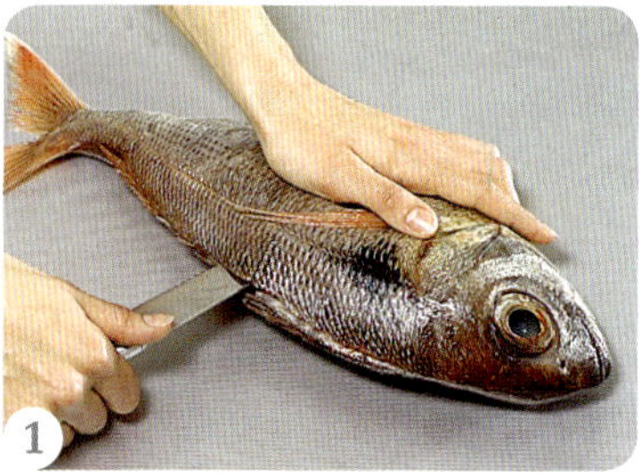

1. En maintenant le poisson par le ventre, pratiquez avec un couteau une incision allant de la tête à la nageoire caudale.

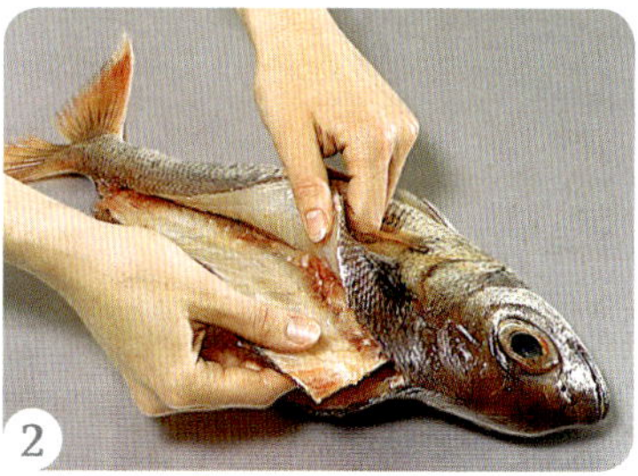

2. Écartez l'ouverture et détachez l'arête centrale. Sectionnez-la au niveau de la tête et de la queue, puis retirez-la.

3. Salez et poivrez le poisson à l'intérieur. Remplissez-le de farce, en tassant bien. Ficelez ensuite le poisson en plusieurs endroits.

Décortiquer un crabe

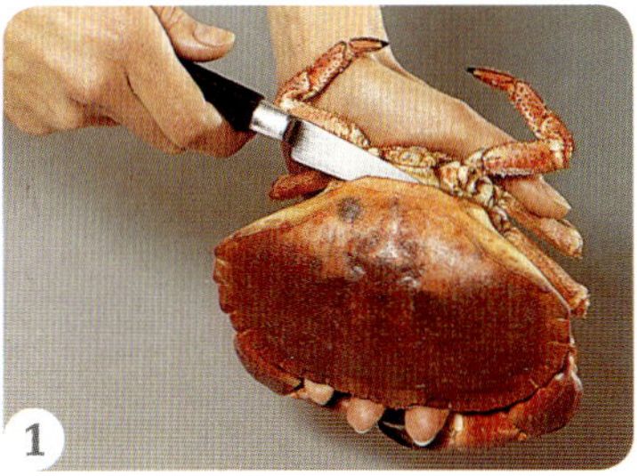

1. Glissez la pointe d'un couteau entre la carapace et le plastron et passez le couteau tout autour.

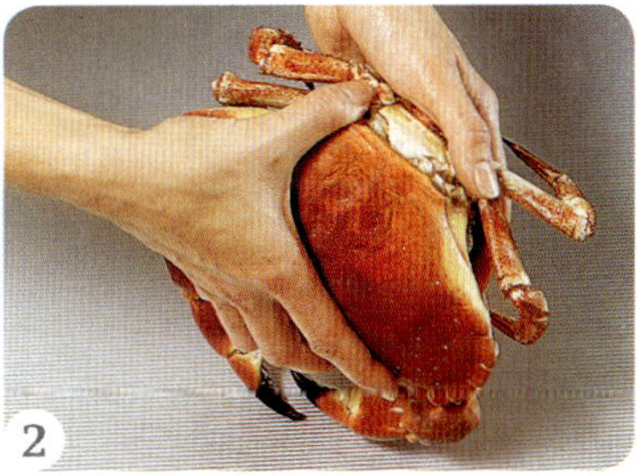

2. Séparez le plastron de la carapace, posez le crabe sur le dos puis tordez les pinces et les pattes pour les détacher du corps.

3. À l'aide d'une cuillère, retirez la chair du coffre et des alvéoles. Extrayez aussi la matière crémeuse jaune située entra la chair et la carapace. Brisez les pattes et les pinces avec une pince à crustacés et retirez-en la chair.

Ouvrir une huître

1. En tenant l'huître côté plat dessus, enfoncez la pointe de la lame entre les deux coquilles, près de la charnière.

2. Glissez la lame pour couper le muscle puis écartez les deux coquilles.

BON À SAVOIR

Une fois ouvertes, si vous ne consommez pas les huîtres aussitôt, déposez-les sur un lit de glace.

Nettoyer des coquilles Saint-Jacques

1. Posez la coquille, partie bombée vers le bas, en tenant la charnière opposée à soi. Introduisez la lame d'un couteau entre les deux valves. Cherchez le muscle interne et sectionnez-le en glissant la lame le long du couvercle.

2. Ouvrez la coquille. Passez-la délicatement sous l'eau pour en éliminer le sable. Décollez la noix à l'aide d'une cuillère.

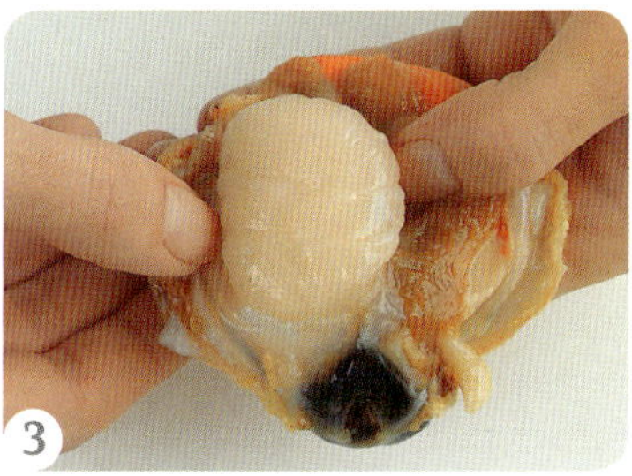

3. Retirez d'une pression des pouces le muscle interne ainsi que la membrane, les barbes et la poche noirâtre. Coupez ensuite la ventouse du corail et laissez la coquille dégorger pendant quelques minutes dans de l'eau froide.

Paner à l'anglaise

1. Cassez 1 œuf dans une assiette et battez-le avec un peu de sel et de poivre et 1 cuillerée à soupe d'huile. Dans une deuxième assiette, versez 150 g de farine ; dans une troisième assiette, mettez 150 g de chapelure.

2. Séchez l'aliment à paner (escalope, filet de poisson, par exemple) avec du papier absorbant. Passez-le des deux côtés d'abord dans la farine, ensuite dans l'œuf battu.

3. Déposez-le aussitôt dans la chapelure et appuyez légèrement pour bien faire adhérer cette dernière.

Brider une volaille

1. Préparez assez de ficelle pour entourer la volaille deux fois en longueur. Posez la volaille sur le dos. Passez la ficelle sous le croupion, remontez les deux bouts et enroulez-les autour des pilons.

2. Passez les deux extrémités de chaque côté du bréchet, sur le haut des cuisses.

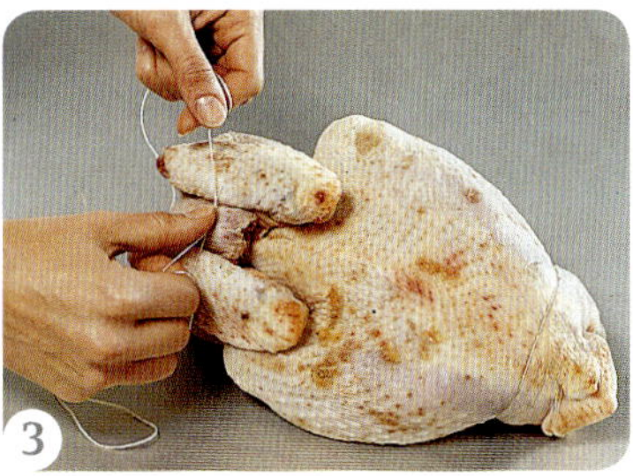

3. Tournez la volaille sur le côté, rabattez la peau du cou entre les ailes, puis passez la ficelle sur les deux ailes en serrant fermement et faites un nœud solide.

Barder une pièce de viande ou une volaille

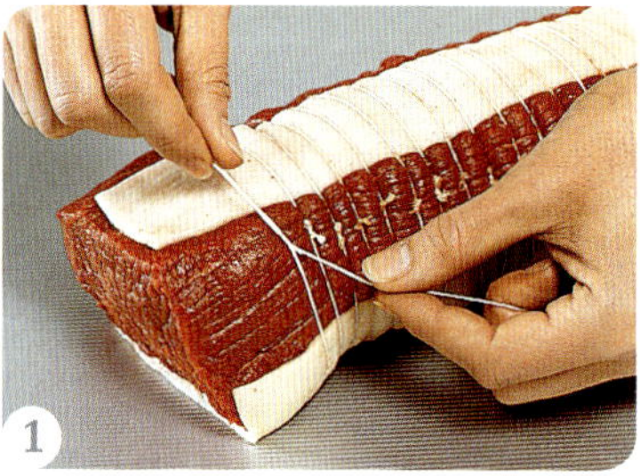

1. Entourez le rôti de la barde en faisant le tour complet ou bien posez une large bande sous le rôti et une autre sur le dessus. Ficelez à intervalles réguliers. Retirez la barde après la cuisson.

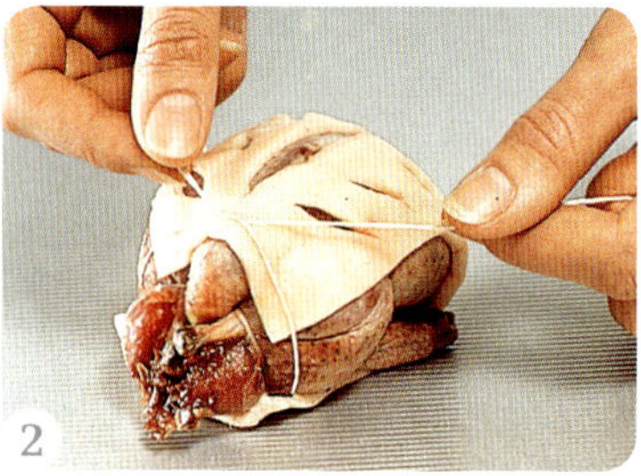

2. Pour une volaille, attachez d'abord les ailes. Découpez la barde à la taille souhaitée, posez-la sur la volaille et ficelez-la en deux ou trois endroits.

BON À SAVOIR

La barde est taillée dans le lard gras du porc. Elle sert à protéger la viande d'une chaleur trop vive qui pourrait la dessécher. À la place de la barde traditionnelle, vous pouvez utiliser, pour certaines recettes, de fines tranches de poitrine qui isoleront la viande de la même façon tout en la parfumant.

Farcir une volaille

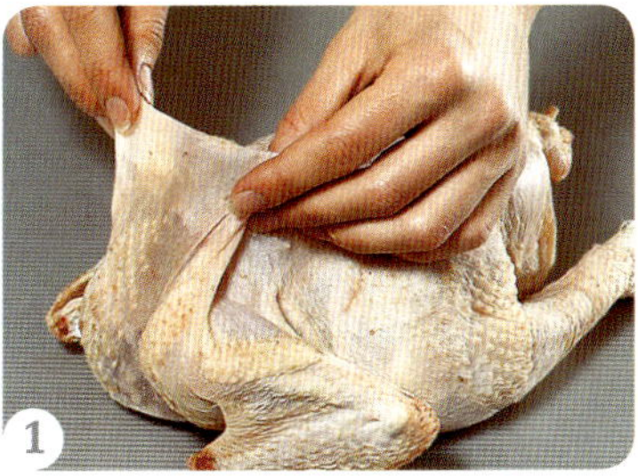

1. Posez la volaille sur le bréchet, rabattez la peau du cou vers le haut, puis cousez-la avec de la ficelle de cuisine.

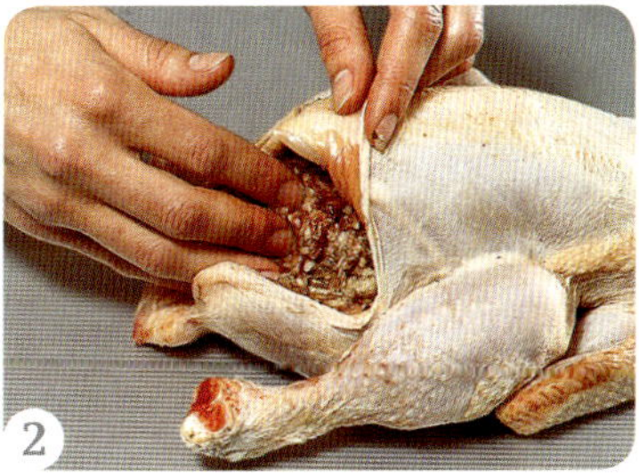

2. Retournez la volaille sur le dos et faites une large incision du côté du croupion. Garnissez la volaille de farce ; laissez un peu d'espace car la farce gonfle en cuisant.

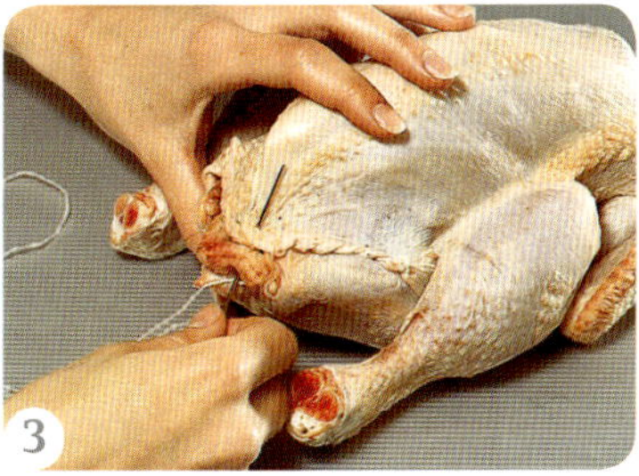

3. Refermez l'ouverture en cousant solidement avec de la ficelle de cuisine. Bridez ensuite la volaille (voir page 17).

Découper une côte de bœuf

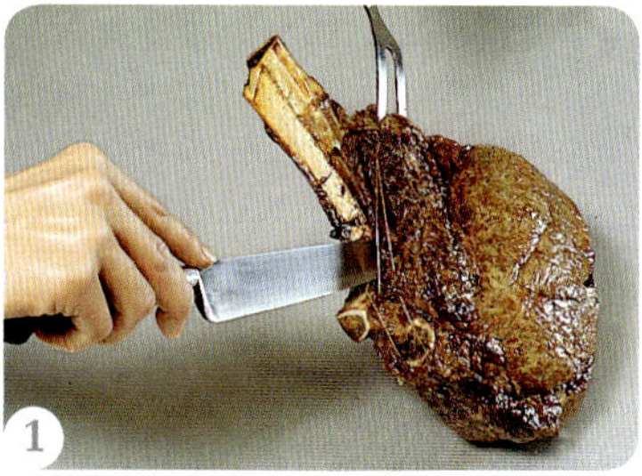

1. Enfoncez une fourchette à deux dents dans le rôti pour bien le maintenir. À l'aide d'un couteau, détachez la viande du côté des vertèbres si votre boucher ne l'a pas déjà fait.

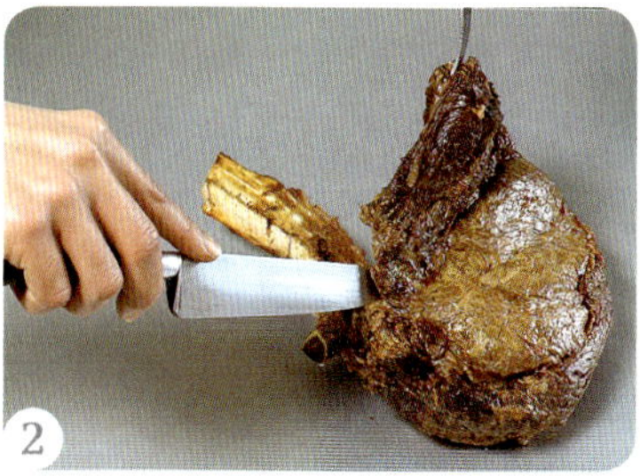

2. Détachez complètement la viande de la côte en vous aidant du couteau.

3. Taillez des tranches régulières, fines ou épaisses, selon votre préférence.

Découper un gigot

1. Après avoir coupé la souris (petite partie attenante au manche), en la dégageant avec un couteau à lame longue, placez le gigot sur la noix (partie la plus bombée). Détaillez la sous-noix (partie opposée à la noix) en tranches fines, parallèlement à l'os.

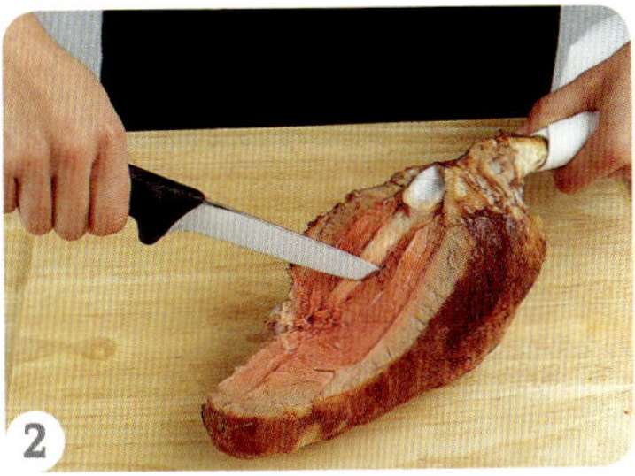

2. Incisez sans excès de chaque côté du fémur. Dégagez légèrement le fémur de façon à trancher la noix plus facilement.

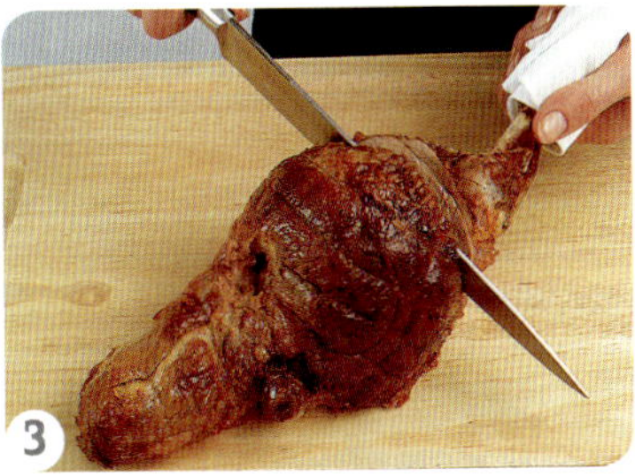

3. Retournez le gigot. Tranchez finement la noix perpendiculairement à l'os. On obtient ainsi des tranches présentant une partie saignante et une partie cuite à point.

Découper un poulet cuit

1. Après avoir retiré la ficelle qui a servi à brider, maintenez le poulet avec une fourchette. À l'aide d'un couteau bien aiguisé, incisez la peau et la chair entre la cuisse et le blanc, puis tranchez l'articulation pour séparer la cuisse de la carcasse.

2. Séparez le haut de cuisse du pilon.

3. Dégagez le blanc le long du bréchet, puis tranchez l'articulation de l'aile. Coupez ensuite le blanc en deux.

Découper un canard cuit

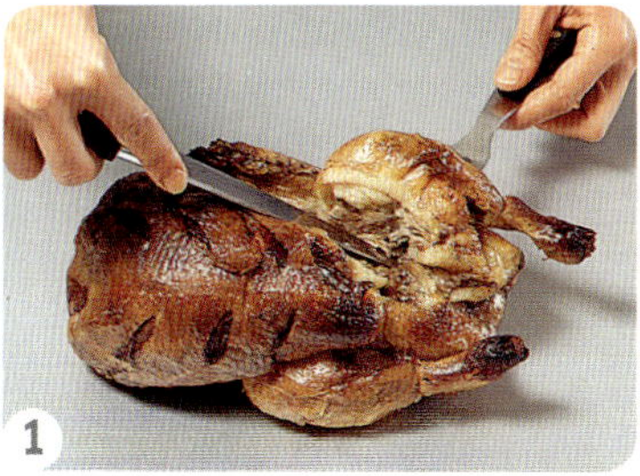

1. Posez le canard sur le dos et maintenez-le avec une fourchette. À l'aide d'un couteau bien aiguisé, incisez la peau et la chair entre la cuisse et le flanc, puis tranchez l'articulation pour séparer la cuisse de la carcasse.

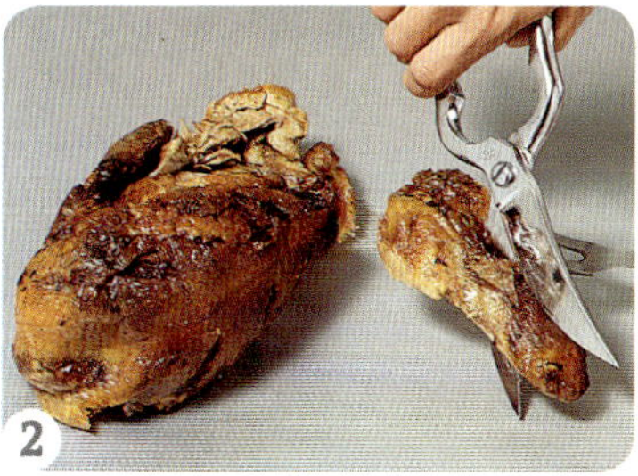

2. Tranchez les articulations des ailes, puis coupez chaque aile en deux à l'aide d'une cisaille à volaille.

3. Coupez la chair des deux côtés du bréchet et dégagez les filets. Détaillez-les ensuite en fines aiguillettes.

Œufs pochés

POUR 4 PERSONNES

PRÉPARATION : 10 min • **CUISSON** : 3 min par œuf

10 cl de vinaigre • 4 œufs très frais et bien froids

1. Versez 2 litres d'eau non salée dans une casserole, ajoutez le vinaigre. Portez à ébullition, puis baissez le feu pour maintenir un frémissement.

2. Cassez 1 œuf dans une tasse. Rapprochez la tasse de la surface de l'eau et versez l'œuf très délicatement pour que le blanc reste proche du jaune. Faites de même avec les autres œufs si la casserole est assez grande. Le blanc enveloppe le jaune en se coagulant.

3. Faites pocher les œufs pendant 3 minutes, sans laisser bouillir. Quand le blanc est coagulé, retirez les œufs avec une écumoire et déposez-les dans un saladier contenant de l'eau froide, puis égouttez-les.

4. Avec un couteau ou une paire de ciseaux, ébarbez les petits filaments qui se sont formés autour de l'œuf pour lui donner une forme régulière.

RÉUSSIR LE POCHAGE DES ŒUFS

Les œufs doivent être très froids et bien frais. Le blanc se tient alors bien serré autour du jaune. Il ne faut jamais saler le liquide de pochage car le sel liquéfie l'albumine du blanc. Pour pocher plusieurs œufs en même temps, utilisez une grande casserole ou une large sauteuse. Les œufs pochés se dégustent le plus souvent chauds, avec une sauce ou bien sur du pain toasté.

Omelette nature

POUR 4 PERSONNES

PRÉPARATION : 5 min • **CUISSON :** 8-10 min

8 œufs • 20-25 g de beurre • sel, poivre

1. Cassez les œufs dans un petit saladier et battez-les à la fourchette, mais sans excès. Salez et poivrez.

2. Faites fondre le beurre dans une poêle antiadhésive et, dès qu'il mousse, versez les œufs et augmentez le feu.

3. Avec une spatule en bois, ramenez les œufs du bord vers le centre quand ils commencent à prendre. En même temps, inclinez de temps en temps la poêle pour répartir les œufs encore liquides. L'omelette est cuite lorsque tout est coagulé.

4. Pour une omelette roulée, repliez les bords extérieurs vers le milieu, d'abord d'un côté, ensuite de l'autre côté. Glissez l'omelette sur le plat de service chauffé.

BON À SAVOIR

Vous pouvez ajouter aux œufs battus 2 ou 3 cuillerées à soupe de lait ou 1 cuillerée à soupe de crème liquide. Si vous souhaitez une omelette « baveuse », arrêtez la cuisson lorsqu'il y a encore un peu d'œuf liquide au centre de la poêle.

Béchamel

POUR 50 CL DE SAUCE

PRÉPARATION : 5 min • **CUISSON :** 15 min environ

50 g de beurre • 50 g de farine • 50 cl de lait • 1 grosse pincée de noix de muscade râpée (facultatif) • sel, poivre

1. Coupez le beurre en morceaux. Mettez-le dans une petite casserole à fond épais placée à feu doux et faites-le fondre complètement sans lui laisser prendre couleur.

2. Ajoutez la farine d'un seul coup en remuant vivement avec un fouet. Faites cuire doucement, sans cesser de remuer, pendant 2 minutes, jusqu'à ce que le mélange forme une pâte lisse et blonde.

3. Retirez la casserole du feu. Versez lentement le lait sur la préparation très chaude en remuant sans arrêt pour bien mélanger le lait avec le beurre et la farine.

4. Quand le mélange est lisse et homogène, remettez la casserole à feu doux et chauffez pendant environ 12 minutes sans porter à ébullition, tout en remuant. Salez et poivrez, et ajoutez éventuellement la muscade.

RÉUSSIR LA BÉCHAMEL

Le lait doit être versé lentement sur le mélange de beurre et de farine [c'est-à-dire le roux] en continuant de remuer pour qu'il s'incorpore sans faire de grumeaux. Si le lait est froid, le roux doit être très chaud quand vous commencez à verser. Si, en revanche, vous utilisez du lait chaud, laissez refroidir le roux avant de procéder au mélange. Si la sauce paraît trop épaisse, rajoutez un peu de lait.

Si vous n'utilisez pas la sauce tout de suite, passez un morceau de beurre sur la surface encore chaude, pour éviter la formation d'une peau.

Sauce hollandaise

POUR 25-30 CL

PRÉPARATION : 15 min • **CUISSON** : 10 min

250 g de beurre froid • 1 cuill. à soupe de vinaigre • 1 pincée de poivre • 4 jaunes d'œufs • 1 pincée de sel • le jus de 1/2 citron

1. Coupez le beurre en morceaux et mettez-le au réfrigérateur. Chauffez de l'eau pour un bain-marie. Dans une casserole, chauffez 2 cuillerées à soupe d'eau et le vinaigre avec le poivre. Faites réduire un peu en portant à ébullition. Versez les jaunes d'œufs dans une autre casserole puis ajoutez l'eau vinaigrée en fouettant doucement.

2. Placez la casserole sur le bain-marie (l'eau doit être frémissante).

3. Fouettez le mélange jusqu'à ce qu'il commence à épaissir. Incorporez alors le beurre froid, par petites quantités, tout en continuant de fouetter. Salez.

4. Retirez la casserole du bain-marie. Ajoutez un filet de jus de citron, goûtez et rectifiez l'assaisonnement. Servez avec des poissons cuits au court-bouillon ou des légumes à la vapeur.

SAUCE MOUSSELINE

Prévoyez 20 cl de sauce hollandaise et 10 cl de crème liquide. Préparez la sauce hollandaise et fouettez 10 cl de crème liquide. Hors du feu, ajoutez la crème fouettée à la sauce, toujours en fouettant doucement. Goûtez et rectifiez l'assaisonnement. L'emploi de cette sauce est similaire à celui de la hollandaise.

Beurre blanc

POUR 25 CL DE SAUCE

PRÉPARATION : 10 min • **CUISSON** : 10 min

200 g de beurre • 4 échalotes grises • 3 cuill. à soupe de vinaigre de vin blanc • 6 cuill. à soupe de vin blanc sec • sel, poivre blanc

1

1. Coupez le beurre en petits morceaux et réservez-le au réfrigérateur. Hachez finement les échalotes. Mettez-les dans une petite casserole à fond épais avec le vinaigre et le vin blanc, mélangez et portez doucement à ébullition.

2

2. Laissez cuire à feu moyen sans couvrir, en remuant de temps en temps pour que le liquide s'évapore en grande partie : il ne doit plus rester qu'une purée épaisse, mais très humide. Filtrez-la à travers une passoire et conservez seulement 2 cuillerées à soupe de liquide.

3. Remettez à feu doux la casserole avec le liquide filtré, puis ajoutez les morceaux de beurre l'un après l'autre dans le liquide bouillant. Fouettez sans arrêt pour que le beurre s'incorpore au fur et à mesure en donnant à la sauce une consistance épaisse et crémeuse.

4. Laissez encore quelques instants à feu très doux en continuant de fouetter pour que la sauce soit bien chaude. Salez et poivrez, puis versez dans une saucière tiède et servez aussitôt, avec des poissons cuits au court-bouillon (brochet, alose).

RÉUSSIR LE BEURRE BLANC

Surveillez attentivement la chaleur dès que vous commencez à incorporer le beurre car, trop chauffée, la sauce se décompose immédiatement. C'est le liquide bouillant qui facilite l'incorporation du beurre : tant qu'il n'est pas évaporé, la sauce ne tourne pas. Pour que le beurre blanc garde sa consistance crémeuse, la saucière doit être juste tiède : rincez-la à l'eau chaude puis essuyez-la soigneusement. Préparez toujours le beurre blanc en petite quantité : jamais plus de 250 g de beurre à la fois.

Sauce béarnaise

POUR 25 CL ENVIRON

PRÉPARATION : 15 min • **CUISSON** : 10-15 min

3 échalotes • 3 cuill. à soupe d'estragon ciselé • 1 cuill. à soupe de cerfeuil ciselé • 3 ou 4 cuill. à soupe de vinaigre à l'estragon • 2 cuill. à soupe de vin blanc • 1 pincée de sel • 2 pincées de poivre mignonnette • 3 jaunes d'œufs • 125 g de beurre ramolli

1. Mettez les échalotes hachées et une partie de l'estragon et du cerfeuil dans une casserole à fond épais. Ajoutez le vinaigre à l'estragon, le vin blanc, le sel et le poivre. Chauffez à feu doux et faites réduire des deux tiers. Hors du feu, filtrez (éventuellement) et laissez refroidir.

2. Ajoutez les jaunes d'œufs et un peu d'eau dans la réduction refroidie et battez énergiquement. Placez la casserole dans un bain-marie, à feu doux.

3. Incorporez le beurre en morceaux, petit à petit, en fouettant.

4. Quand la sauce arrive à une consistance crémeuse, ajoutez le reste de l'estragon et du cerfeuil. Goûtez et rectifiez l'assaisonnement. Servez avec des viandes ou des poissons grillés.

RATTRAPER UNE BÉARNAISE

Pour monter à nouveau une béarnaise qui a tourné, incorporez petit à petit 1 cuillerée d'eau chaude, si la sauce est froide, ou bien 1 cuillerée d'eau froide, si la sauce est chaude.

UNE BÉARNAISE TOMATÉE

Cette variante se prépare en ajoutant 1 cuillerée à café de concentré de tomate dans 20 cl de sauce béarnaise. Dans la cuisine traditionnelle, elle porte le nom de sauce Choron.

Sauce tomate

POUR 6 PERSONNES

PRÉPARATION : 20 min • **CUISSON** : 20-40 min

1,5 kg de tomates bien mûres (ou 1 kg de pulpe de tomate en dés en conserve) • 1 gros oignon • 4 cuill. à soupe d'huile d'olive • 1 bouquet garni (1 feuille de laurier, 2 branches de thym, quelques brins de persil plat) • sel, poivre

1. Si vous utilisez des tomates fraîches, plongez-les pendant 20 à 30 secondes dans de l'eau bouillante, puis mettez-les aussitôt dans un récipient rempli d'eau glacée.

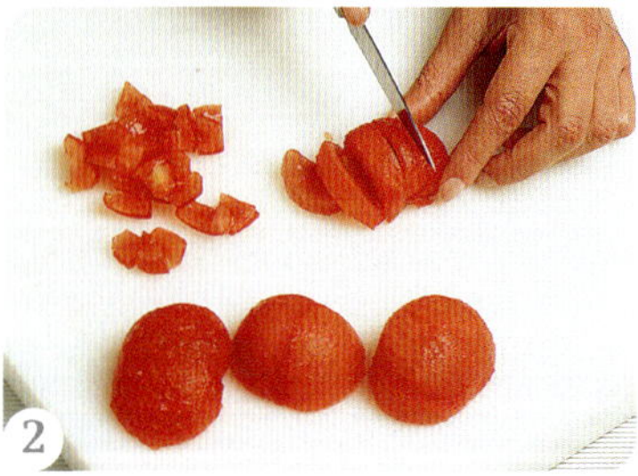

2. Égouttez-les et retirez la peau. Coupez-les en deux et pressez-les pour éliminer les pépins et le jus, puis détaillez-les en petits dés. Si vous utilisez de la pulpe de tomate en dés, ces opérations ne sont pas nécessaires.

3. Hachez finement l'oignon. Mettez à chauffer doucement l'huile d'olive dans une casserole, ajoutez l'oignon et faites-le cuire à feu très doux pendant 5 à 10 minutes en remuant souvent, jusqu'à ce qu'il devienne transparent.

4. Versez les dés de tomate dans la casserole, ajoutez le bouquet garni, du sel et du poivre. Portez à ébullition et faites cuire à feu doux, en remuant, de 20 à 40 minutes selon la teneur en eau des tomates, jusqu'à évaporation complète. Quand le mélange est devenu une purée épaisse, ôtez du feu. Retirez le bouquet garni et rectifiez l'assaisonnement.

BON À SAVOIR

Quand les tomates sont mûres, la sauce n'est, en général, pas acide. Si elle a besoin d'être adoucie, saupoudrez-la de 1 cuillerée à café de sucre en poudre. Pour en concentrer le goût, ajoutez 1 cuillerée à soupe de concentré de tomate. Quelques variantes : ajoutez 3 gousses d'ail ou remplacez le bouquet garni par des herbes fraîches.

Mayonnaise

POUR 8 PERSONNES (OU 50 CL ENVIRON DE SAUCE)

PRÉPARATION : 10 min

2 jaunes d'œufs • 2 cuill. à café de moutarde forte • 2 cuill. à soupe de vinaigre de vin (blanc ou rouge) ou de jus de citron • 50 cl d'huile de colza ou de tournesol • sel, poivre

1. Sortez tous les ingrédients 1 heure avant de préparer la mayonnaise et gardez-les à température ambiante. Cassez les œufs en séparant les blancs des jaunes. Conservez les blancs pour une autre utilisation et mettez les jaunes dans un grand bol.

2. Ajoutez la moutarde et le vinaigre choisi aux jaunes d'œufs. Salez et poivrez, puis mélangez vivement au fouet.

3. Continuez de fouetter et versez l'huile goutte à goutte, puis en un mince filet, jusqu'à ce que la sauce commence à épaissir.

4. Incorporez ensuite le reste de l'huile un peu plus rapidement sans cesser de fouetter pour que la mayonnaise soit bien ferme. Elle va s'éclaircir au fur et à mesure que la quantité d'huile augmente.

RATTRAPER UNE MAYONNAISE QUI A TOURNÉ

Fouettez énergiquement 1 cuillerée à soupe d'eau froide avec 1 cuillerée à soupe de la mayonnaise, puis incorporez le reste de mayonnaise petit à petit tout en continuant de battre vigoureusement.

Une autre méthode consiste à casser un jaune d'œuf dans un autre récipient et à recommencer la mayonnaise dès le début en utilisant celle qui a tourné à la place de l'huile.

Pâte brisée

POUR 500 G DE PÂTE

PRÉPARATION : 10 min • **REPOS** : 30 min au moins

200 g de beurre mou • 300 g de farine tamisée • 2 pincées de sel fin • 4 cuill. à soupe de sucre en poudre (facultatif) • 10 cuill. à soupe d'eau froide

1. Coupez le beurre en très petits morceaux. Dans un saladier, versez la farine et creusez un puits au milieu. Ajoutez le sel, éventuellement le sucre (pour une tarte sucrée), puis les morceaux de beurre.

2. Assemblez rapidement les ingrédients en effritant le mélange du bout des doigts. Versez juste assez d'eau (1 cuillerée à soupe à la fois) pour amalgamer l'ensemble, puis travaillez rapidement la pâte jusqu'à ce qu'elle soit bien souple. Elle ne doit être ni trop molle ni collante.

3. Farinez très légèrement le plan de travail, posez-y la pâte, puis étalez-la en l'écrasant et en la repoussant avec la paume de la main mais sans trop la pétrir.

4. Rassemblez la pâte, formez une boule, puis aplatissez-la entre vos mains. Enveloppez-la dans du film alimentaire et laissez-la reposer au moins 30 minutes au réfrigérateur.

BON À SAVOIR

Le repos d'une pâte, qu'elle soit brisée, sablée ou feuilletée, la détend, la rend souple et malléable. Elle est ensuite très facile à étaler et ne se rétracte pas à la cuisson.

Pour une tarte salée à base de pâte brisée, vous pouvez remplacer la moitié du beurre par du beurre demi-sel (supprimez alors le sel).

Pâte sablée

POUR 500 G DE PÂTE

PRÉPARATION : 10 min • **REPOS** : 30 min au moins

250 g de farine • 125 g de beurre mou • 1 œuf entier • 125 g de sucre en poudre • 1 pincée de sel

1. Tamisez la farine au-dessus du plan de travail. Coupez le beurre en petits morceaux et travaillez-le du bout des doigts avec la farine jusqu'à ce que la préparation soit sableuse et qu'il ne reste plus de morceaux de beurre.

2. Creusez un puits dans le sablage obtenu. Cassez-y l'œuf et versez le sucre et la pincée de sel. Mélangez du bout des doigts tous les ingrédients, mais sans trop les malaxer.

3. Écrasez la pâte sous votre paume, en poussant devant vous, pour la rendre bien homogène.

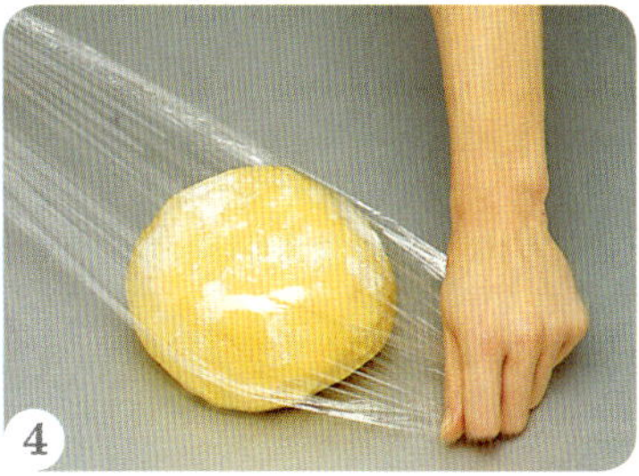

4. Roulez-la en boule, aplatissez-la entre vos mains. Enveloppez-la dans du film alimentaire et laissez-la reposer au moins 30 minutes au réfrigérateur.

PÂTE AUX BISCUITS SECS

Mixez 180 g de biscuits à la cuillère en morceaux avec 20 g d'amandes en poudre. Ajoutez progressivement 50 g de beurre fondu jusqu'à obtenir une pâte homogène mais pas trop fine. Garnissez-en le fond d'un moule de 22 à 26 cm de diamètre recouvert de papier sulfurisé en tassant bien avec les doigts (utilisez de préférence un moule à fond amovible, car la pâte est assez friable). Cette pâte convient bien à la préparation de cheesecakes.

Foncer un moule à tarte

1. Déposez la pâte étalée dans le moule et ajustez-la au fond. Pour cela, soulevez le bord de la pâte d'une main, pressez-la dans l'angle pour la faire adhérer à la paroi. Faites ainsi le tour complet du moule.

2. Passez le rouleau à pâtisserie sur le bord du moule pour faire tomber l'excédent de pâte.
Vous pouvez ensuite réaliser une collerette en pinçant le bord de pâte entre le pouce et l'index sur tout le pourtour du moule.

BIEN ÉTALER LA PÂTE

Le bon geste pour étaler la pâte avec un rouleau à pâtisserie consiste à le rouler sur la pâte toujours en poussant devant soi, et non pas en revenant vers soi. Le rouleau peut être très légèrement fariné.

Cuire une pâte à blanc

1. Découpez un rond de papier sulfurisé pour chaque moule. Piquez le fond de pâte avec une fourchette.

2. Ajustez le rond de papier sulfurisé dans chaque moule, sur le fond de pâte, et garnissez toute la surface de légumes secs (ou de billes de céramique). Enfournez à la température indiquée dans la recette.

3. Retirez les légumes secs puis le papier. À l'aide d'un pinceau, badigeonnez le fond de pâte avec du jaune d'œuf battu. Enfournez à nouveau les moules pour 3 à 5 minutes.

Pâte à crêpes

POUR 1 KG DE PÂTE (ENVIRON 15 CRÊPES DE 22 CM DE DIAMÈTRE)

PRÉPARATION : 10 min • **REPOS** : 2 h

250 g de farine • 50 cl de lait • 25 g de beurre • 3 œufs • 1 cuill. à café de sel fin • 2 cuill. à soupe de sucre en poudre (facultatif)

1. Mettez la farine dans un saladier et creusez un puits au centre. Versez-y la moitié du lait et mélangez avec une spatule en bois en ramenant peu à peu la farine des bords vers le milieu.

2. Faites fondre le beurre à feu doux dans une petite casserole. Cassez les œufs dans un autre saladier et battez-les en omelette. Versez-les petit à petit sur la farine en remuant sans arrêt, puis ajoutez le beurre fondu, le sel et éventuellement le sucre. Continuez à remuer jusqu'à ce que le mélange soit parfaitement homogène.

3. Versez progressivement le reste du lait sans cesser de remuer afin d'éviter la formation de grumeaux. La pâte doit être lisse et fluide, mais non liquide. Couvrez-la et laissez-la reposer à température ambiante pendant 2 heures.

4. Faites cuire les crêpes à feu vif, l'une après l'autre, dans une crêpière ou une poêle très plate pendant environ 1 minute de chaque côté, en ne les retournant qu'une seule fois.

BON À SAVOIR

Utilisez de préférence une poêle à revêtement antiadhésif : le beurre contenu dans la pâte suffira sans qu'il soit nécessaire de rajouter de matière grasse.

Pâte à choux

POUR 500 G DE PÂTE

PRÉPARATION : 15 min

• 8 cl d'eau • 10 cl de lait frais entier • 1 petite cuill. à café de sel fin • 1 petite cuill. à café de sucre en poudre • 75 g de beurre • 100 g de farine • 3 œufs entiers

1. Versez l'eau et le lait dans une casserole ; ajoutez le sel, le sucre et le beurre. Portez à ébullition en remuant avec une spatule.

2. Ajoutez toute la farine en une seule fois. Tournez énergiquement avec la spatule jusqu'à ce que la pâte soit lisse et homogène. Lorsqu'elle se détache des parois et du fond de la casserole, continuez de remuer la pâte pendant 2 ou 3 minutes, afin de la dessécher un peu.

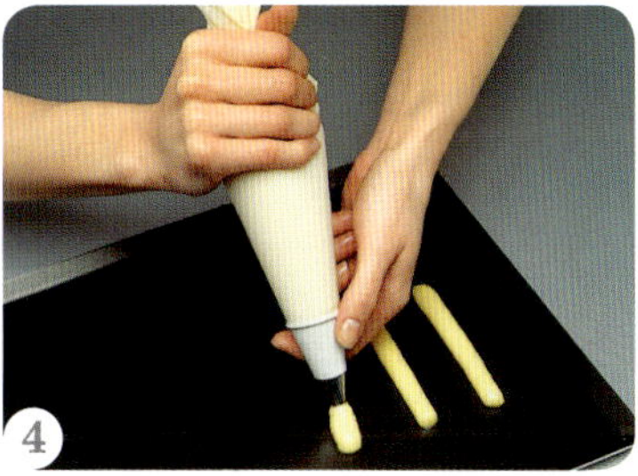

3. Placez-la dans un saladier; mettez les œufs entiers, un par un, en veillant à ce que le premier soit parfaitement incorporé avant d'ajouter le suivant. Continuez de travailler ainsi la pâte. Soulevez-la de temps en temps : quand elle retombe en formant un ruban, cela signifie qu'elle est prête.

4. Mettez-la dans une poche à douille et déposez-la sur une plaque à pâtisserie selon la forme que vous souhaitez, en forme de boudin, par exemple, pour les éclairs.

TOUR DE MAIN

Travaillez vivement la masse sur feu vif avec une spatule en bois, jusqu'à ce qu'elle se décolle des parois du récipient : l'eau peut ainsi s'évaporer avant l'incorporation des œufs.

Pâte à beignets

POUR 350 G DE PÂTE (ENVIRON 12 BEIGNETS MOYENS)

PRÉPARATION : 10 min • **REPOS** : 1 h au moins

125 g de farine • 1/4 de cuill. à café de sel fin • 1 œuf • 1 cuill. à soupe d'huile d'arachide • 15 cl de bière

1. Versez la farine dans un saladier et creusez un puits au centre.

2. Mettez le sel sur le bord de la farine et cassez l'œuf dans le creux. Versez l'huile.

3. Mélangez l'œuf et l'huile à la spatule en incorporant en même temps un peu de farine. Continuez à remuer, mais sans fouetter, puis commencez à verser la bière.

4. Ajoutez peu à peu toute la bière sans cesser de tourner, en incorporant la farine au fur et à mesure jusqu'à ce que la pâte soit parfaitement lisse. Laissez reposer pendant au moins 1 heure.

BON À SAVOIR

Ne fouettez jamais une pâte à beignets : elle adhérerait moins bien aux aliments ; remuez toujours à la spatule. Pour des beignets sucrés, vous pouvez parfumer la pâte avec une demi-cuillerée à café d'extrait de vanille ou encore remplacer un quart de la farine par du cacao.

Crème anglaise

POUR 650 G DE CRÈME ENVIRON

PRÉPARATION : 25 min environ • **CUISSON** : 10-15 min

1/2 gousse de vanille • 50 cl de lait • 6 jaunes d'œufs • 60 g de sucre en poudre

1. Fendez la gousse de vanille en deux, dans le sens de la longueur. Gardez l'une des moitiés et mettez l'autre avec le lait dans une casserole à fond épais. Portez à ébullition, puis arrêtez le feu et laissez infuser pendant 20 minutes environ.

2. Mettez les jaunes d'œufs et le sucre dans un saladier et travaillez vivement le mélange au fouet jusqu'à ce qu'il blanchisse et devienne mousseux.

3. Retirez la vanille du lait et grattez l'intérieur de la gousse pour faire tomber les graines dans le lait. Remettez le lait sur le feu et portez-le à ébullition, puis versez doucement le lait bouillant sur le mélange œufs-sucre tout en remuant.

4. Remettez le mélange dans la casserole et faites chauffer à feu très doux, sans porter à ébullition, en remuant sans arrêt avec une cuillère en bois jusqu'à épaississement. La bonne consistance est atteinte quand un doigt passé sur la spatule y laisse sa trace. Placez ensuite la casserole dans un récipient rempli d'eau glacée pour arrêter la cuisson. Laissez refroidir.

TOUR DE MAIN

La crème anglaise tourne inévitablement si vous la laissez bouillir: les jaunes d'œufs coagulent et la crème se sépare en petits grumeaux. Elle devient alors très difficile à rattraper. Vous pouvez cependant la retirer du feu et la fouetter énergiquement, ou la passer au mixeur.

Crème pâtissière

POUR 700 G DE CRÈME

PRÉPARATION : 10 min • **CUISSON** : 10 min

6 jaunes d'œufs • 100 g de sucre en poudre • 40 g de farine • 50 cl de lait

1. Dans un saladier, fouettez vivement les jaunes d'œufs avec le sucre jusqu'à ce qu'ils blanchissent et deviennent mousseux. Saupoudrez la farine en surface, puis incorporez-la rapidement. En même temps, faites bouillir le lait.

2. Versez doucement le lait bouillant sur le mélange en remuant sans cesse avec une cuillère en bois pour obtenir une crème bien lisse.

3. Versez la crème dans une casserole à fond épais. Faites-la épaissir en la chauffant à feu très doux jusqu'au premier bouillon tout en remuant sans cesse avec la cuillère en bois.

4. Retirez la casserole du feu aux premiers bouillons et versez la crème dans un saladier. Frottez-en la surface avec un morceau de beurre pour éviter la formation d'une peau et laissez refroidir.

BON À SAVOIR

La cuisson à feu doux doit suffire pour faire épaissir la crème. Si celle-ci est encore fluide aux premiers bouillons, portez-la à ébullition pendant 1 ou 2 minutes en fouettant sans cesse contre le fond de la casserole pour qu'elle n'attache pas.

Sauce au chocolat

POUR 50 CL DE SAUCE

PRÉPARATION : 5 min • **CUISSON** : 10 min environ

- 200 g de chocolat noir amer (à 70 % de cacao au moins)
- 30 g de beurre • 20 cl de lait • 2 cuill. à soupe de crème fraîche
- 30 g de sucre en poudre

1. Cassez le chocolat en morceaux dans un saladier. Placez ce dernier sur une casserole contenant de l'eau chaude. Faites fondre doucement le chocolat dans ce bain-marie en remuant avec une spatule en bois.

2. Coupez le beurre en petits morceaux. Ajoutez-le au chocolat tiède et mélangez doucement jusqu'à ce que la préparation soit bien lisse et onctueuse.

3. Versez le lait dans une petite casserole et portez-le à ébullition. Ôtez la casserole du feu et ajoutez la crème fraîche et le sucre au lait bouillant. Mélangez bien en fouettant et réchauffez jusqu'à ébullition.

4. Versez le contenu de la casserole sur la préparation au chocolat sans cesser de fouetter jusqu'à obtenir un mélange homogène et lisse. Versez dans un bol ou une saucière. Servez chaud sur une glace ou sur des profiteroles, ou laissez refroidir pour accompagner un gâteau.

BON À SAVOIR

La réussite de cette sauce dépend de la qualité du chocolat utilisé : il doit contenir une proportion élevée de cacao et le moins de sucre possible.

Surveillez la température du bain-marie : le chocolat fond à faible chaleur, mais perd toute son onctuosité quand on le chauffe trop.

Coulis de framboises

POUR 50 CL DE COULIS

PRÉPARATION : 10 min

750 g de framboises • 80 g de sucre en poudre • 5 cl de jus de citron • 10 cl d'eau

1. Triez les framboises, essuyez-les sans les laver. Mettez-les dans un grand saladier avec le sucre et le jus de citron. Écrasez-les au mixeur pendant 2 ou 3 minutes, jusqu'à obtenir une purée fine et parfaitement homogène.

2. Filtrez la purée à l'aide d'une passoire en pressant bien avec une spatule contre la grille de la passoire afin de récupérer autant de pulpe que possible. Ajoutez l'eau peu à peu jusqu'à ce que le coulis prenne la consistance souhaitée.

Caramel liquide

POUR 10 CL DE CARAMEL

PRÉPARATION : 2 min • **CUISSON** : 8-12 min

8 cuill. à soupe d'eau froide • 200 g de sucre en morceaux • 1/2 cuill. à café de jus de citron ou de vinaigre d'alcool blanc

1. Mettez la moitié de l'eau et le sucre dans une casserole à fond épais. Ajoutez le jus de citron et chauffez à feu très doux en remuant avec une spatule jusqu'à ce que le sucre soit entièrement fondu (évitez d'en déposer sur les parois de la casserole). Quand le sirop prend une couleur claire, arrêtez de remuer et laissez bouillir. Le caramel va s'épaissir et devenir plus foncé.

2. Lorsqu'il est de la couleur souhaitée, versez le reste de l'eau froide en une seule fois (en évitant les projections). Remuez pour que tout fonde et rajoutez éventuellement un peu d'eau, car le caramel doit rester assez fluide pour ne pas durcir en refroidissant. Ôtez du feu.

Direction de la publication : Isabelle Jeuge-Maynart
Direction éditoriale : Delphine Blétry
Édition : Ewa Lochet
Direction artistique : Emmanuel Chaspoul
Mise en page : Martine Debrais
Lecture-correction : Madeleine Biaujeaud
Couverture : Véronique Laporte
Fabrication : Annie Botrel

Crédits photographiques : pages 4, 6-11, 12-14, 16-20, 22-45, 46-59 : G + S Photographie © coll. Larousse (stylisme : Isabelle Dreyfus) ; page 45 : G + S Photographie © coll. Larousse (stylisme : Sophie Fert) ; pages 5, 11, 15, 21, : Studio Vézelay © coll. Larousse.
Illustration de couverture : Véronique Laporte

ISBN : 301-0-00-001325-9

Pour les Éditions Larousse, le principe est d'utiliser des papiers composés de fibres naturelles, renouvelables, recyclables et fabriqués à partir de bois issus de forêts qui adoptent un système d'aménagement durable. En outre, les Éditions Larousse attendent de leurs fournisseurs de papier qu'ils s'inscrivent dans une démarche de certification environnementale reconnue.

Photogravure Nord Compo, Villeneuve-d'Ascq
Imprimé en Chine par Leo Paper Products
Dépôt légal : octobre 2011
306770/01 – 11014383 – avril 2011